김완하의
시 속의 시 읽기 5

김완하의
시 속의 시 읽기 5

맵씨터

김완하의
시 속의 시 읽기 5

초판 1쇄 발행 2020년 5월 30일

엮고쓴이 김 완 하
펴 낸 이 김 정 희
펴 낸 곳 맵씨터
등 록 제 2002-000026호
주 소 서울특별시 성동구 광나루로 130 서울숲IT캐슬 1310호
전 화 02-464-7708
전 송 02-499-0846
이 메 일 hkm7708@hanmail.net

책값은 뒤표지에 있습니다.

ISBN 979-11-85923-26-0 04810
ISBN 979-11-85923-11-6 (세트)

이 도서의 국립중앙도서관 출판예정도서목록(CIP)은 서지정보유통지원시스템
홈페이지(http://seoji.nl.go.kr)와 국가자료공동목록시스템(http://www.nl.go.kr/kolisnet)에서
이용하실 수 있습니다.(CIP제어번호 : CIP2020019788)

자서

독자들의 사랑에 감사

『김완하의 시 속의 시 읽기』 5권을 마지막으로 이 시리즈의 책 발간을 마무리한다. 필자는 2011년 9월부터 ≪대전일보≫에 매주 화요일마다 '김완하의 시 한 편'이라는 칼럼을 연재하였다. 독자들과 시를 통한 소통의 관점에서 시도된 이 글쓰기는 독자들의 관심과 박수를 받기도 하였다. 어느 독자는 발표될 때마다 전화나 문자로 격려해주고 관심을 표출하며 열정을 보여주었다. 6년에 걸쳐 이루어진 연재에 320여 편의 시가 소개되었다. 이러한 글쓰기는 시적 관심을 확대시키고 시의 대중화에 어느 정도 부응했다고 믿는다. 이 연재는 2017년 연말까지 지속되었다. 시와 스토리텔링 차원에서 시 읽기의 패턴을 새롭게 모색하고 시적 사유를 확대하는 일은 곧 우리 삶의 영역을 확산시켜 가는 일이기도 하였다.

그 내용을 모아서 『김완하의 시 속의 시 읽기』 제1권을 출간한 것은 2014년 6월이었다. 이를 계기로 대전문학관에서 시민들과 함께했던 문학콘서트는 매우 즐거웠다. 시가 소개

된 여러 명의 시인을 초대하여 자신의 시를 낭독하게 하고 독자들과 대화를 나누며 함께 마음을 모았다. 이러한 시간은 문학적 소통이라는 측면으로 나아가는 통로를 마련하는 계기가 되었다. 그리고 이 책은 시리즈로 출간하여 2015, 2016, 2017년까지 이어 4권을 냈다. 그러나 5권은 해를 넘겨 2020년에야 출간하는 것이다. 이 글쓰기에 한정이 있는 것은 아니지만 애초의 계획이 5권까지 출간하고자 했던 것이다.

그 사이 우리 사회의 많은 변화도 있었다. 이를 통해 시를 읽는 일도 사회나 시대적 흐름과 다층적으로 연결된다는 점을 확인하게 되었다. 일반적인 문학과 역사 사회와의 관련성 외에도, 시를 읽는 필자의 시각이 다양하게 변화되기 때문이다. 통상 시의 선택은 계절과 사회 분위기, 관심사 등을 반영하였는데 이 과정에서 시 해석에는 끊임없이 그 시대와 흐름이 개입한다는 사실을 깨달았다. 필자는 2016년 2월부터 1년간 미국 캘리포니아 버클리대로 두 번째 연구년을 가서도 신문 연재를 지속하였다. 그렇게 미국에서 1년을 보내며 우리 시를 돌아본 것은 색다른 경험이기도 했다. 그것은 한국과의 시간과 공간적 거리를 넘어 시를 좀더 객관적으로 바라보게 하는 효과를 주었기 때문이다. 국내의 공간과 시간의 벽을 벗어나 우리 시를 살피는 계기를 가질 수 있게 하였던 것이다. 이 과정에서 필자에겐 세계 속의 한국문학이라는 화두가 한층 더 가깝게 다가오는 기회가 되었다.

최근 우리는 전 세계적으로 코로나 19로 인해 어려운 상황에 처해 있다. 중국 우한지역에서 발생한 바이러스는 아시아를 넘어 미주와 유럽 등 세계 곳곳으로 전염되어 확진자와 사망자가 속출하고 그 숫자는 계속 늘어나고 있다. 아직 그 국면은 쉽게 진정되지 않고 있다. 이를 미루어보면 '세계는 하나'라는 사실을 떠올린다. 그런 의미로 이제 세계는 이념의 대립이나 인종 간 갈등이 아닌, 소통과 협력과 상생이라는 화두 속에 살아야 한다는 사실을 절감한다. 코로나 19의 도전과 함께 그것을 위무하고 감싸고자 하는 문화 예술을 통한 노력. 우리는 앞으로도 이러한 두 세계의 공조를 이루면서 삶을 유지해 갈 수밖에는 없을 듯하다. 그것이 문화와 예술의 태생적 기능인지도 모르기 때문이다. 이러한 상황 속에서도 다시 시란 무엇인가를 물어본다. 그동안 함께해 준 독자들께 감사드린다.

2020년 5월

김완하

차례

어느날 고궁을 나오면서

김수영(1921~1968)

왜 나는 조그마한 일에만 분개하는가
저 왕궁 대신에 왕궁의 음탕 대신에
50원짜리 갈비가 기름덩어리만 나왔다고 분개하고
옹졸하게 분개하고 설렁탕집 돼지 같은 주인 년한테 욕을 하고
옹졸하게 욕을 하고
한번 정정당당하게
붙잡혀간 소설가를 위해서
언론의 자유를 요구하고 월남파병에 반대하는
자유를 이행하지 못하고
20원을 받으러 세 번씩 네 번씩
찾아오는 야경꾼들만 증오하고 있는가

옹졸한 나의 전통은 유구하고 이제 내 앞에 정서로

가로놓여 있다
이를테면 이런 일이 있었다
부산에 포로수용소의 제14야전병원에 있을 때
정보원이 너어스들과 스폰지를 만들고 거즈를
개키고 있는 나를 보고 포로경찰이 되지 않는다
고
남자가 뭐 이런 일을 하고 있느냐고 놀린 일이
있었다
너어스들 옆에서

지금도 내가 반항하고 있는 것은 이 스폰지 만들
기와
거즈 접고 있는 일과 조금도 다름없다
개의 울음소리를 듣고 그 비명에 지고
머리에 피도 안 마른 애놈의 투정에 진다
떨어지는 은행나무 잎도 내가 밟고 가는 가시밭

아무래도 나는 비켜서 있다 절정 위에는 서 있지
않고 암만해도 조금쯤 옆으로 비켜서 있다
그리고 조금쯤 옆에 서 있는 것이 조금쯤
비겁한 것이라고 알고 있다!

그러니까 이렇게 옹졸하게 반항한다
이발쟁이에게
땅주인에게는 못하고 이발쟁이에게
구청직원에게는 못하고 동회직원에게도 못하고
야경꾼에게 20원 때문에 10원 때문에 1원 때문
에
우습지 않으냐 1원 때문에

모래야 나는 얼마큼 적으냐
바람아 먼지야 풀아 나는 얼마큼 적으냐
정말 얼마큼 적으냐…

시를 쓰면서 시인은 세 가지 싸움을 감행하는 것. 그 가운데 하나가 자신과의 싸움이다. 그리고 나머지 두 개는 세계와의 싸움과 언어와의 싸움. 그러니 시인은 세계와의 싸움 이전에 반드시 자신과 먼저 싸움으로써 삶의 객관성을 획득해야 한다. 철저히 자기 삶에 대한 비판으로 거듭날 때 그는 세계와의 싸움에서도 신뢰와 타당성으로 힘을 얻을 수 있는 것.

지난 시대의 시를 시인들과의 삶과 연결시키는 게 모두 다 옳다고는 말할 수 없어도 그 근거로 작용하는 것은 분명한 셈이다.

하여 자기 검열과 반성, 철저한 부정에서 시를 출발했던 김수영. 오늘 그의 시를 읽으면 누구나 자신을 읽는다. 그만큼 그는 앞서서 인간의 보편적인 모습을 낱낱이 해부해 놓은 것. 시인은 낮에 시켰던 50원짜리 갈비가 기름덩어리만 나왔다고 분개했다고. 속이 좁게 분노하고 설렁탕집 돼지 같은 주인한테 욕을 하고 옹졸하게도 욕을 퍼부었다고. 그리고 그는 또 묻는다. 모래야 나는 얼마큼 적으냐. 바람아 먼지야 풀아 나는 얼마큼 적으냐고. 정말 얼마나 적은 것이냐고. 우리는 이 시대를 향해서 이 세계를 향해서 정정당당히 외쳐야 할 것들엔 모두 눈을 감고. 겨우 1원, 10원, 20원, 50원짜리 분노만 퍼붓고 있다니. 아, 이 시에 비친 우리의 생생한 민낯이여.

작은 상자

바스코 포파(1922~1991)

작은 상자는 젖니를 갖고 있다
그리고 짧은 길이와
좁은 넓이와 작은 공허
그 밖에 모든 것을 갖고 있다

작은 상자는 계속 자란다
한때 상자가 들어 있던 벽장이
이제 상자 안에 들어와 있다

작은 상자는 커지고 커지고 더 커진다
이제 방이 상자 안에 들어와 있다
그리고 집과 도시와 대지도
그리고 이전에 상자가 들어가 있던 세계도

작은 상자는 어린 시절을 기억하고는
애타게 고대한 끝에

다시 작은 상자가 된다

이제 그 작은 상자 안에
축소된 전 세계가 있다
당신은 그것을 쉽게 주머니 안에 넣을 수 있고
쉽게 훔칠 수도 쉽게 잃어버릴 수도 있다

작은 상자를 조심하라

현대 유고슬라비아를 대표하는 초현실주의 시인이다. 하여 그의 시는 독자들로 하여금 놀라움과 재미 그리고 다소의 불편함으로 가닿게 한다. 그것은 그의 상상력의 진폭이 매우 크고 무의식에 기반을 두고 있어 거북함과 함께 낯설음을 동반하기 때문. 그의 시가 제시하는 독특하고 색다른 세계는 사물의 의미나 가치가 고정된 게 아니다. 그의 상상력은 일상과 전혀 색다른 영역으로 가 닿기 때문이다. 그의 시에 자주 등장하는 상징 중 몇 개는 '상자, 별, 늑대'를 예로 들 수 있다. 그는 이러한 상징으로 그의 시적 사유를 객관화하고 있다.

이 시의 의미는 바로 이 시의 핵심이미지라 할 수 있는 '작은 상자'가 상징하는 의미를 여는데서 출발할 수 있다. 우선 작은 상자는 젖니, 짧은 길이, 좁은 넓이, 작은 공허 그 밖에 모든 것을 가지고 있다. 그리고 계속 자란다. 그리고 종국에 그것이 들어가 있던 벽장이나 그 밖의 것들을 다 품기도 한다. 이렇게 스스로의 한계를 허물고 나아가 끝내 자신이 출현한 배경 전체를 자신의 영역 안으로 감싸고 안아 버리는데. 나중에는 그것이 작은 상자로 변하여 그 안에 축소된 전 세계를 가두고 만다. 그래서 우리는 그것을 쉽게 주머니 안에 넣을 수도 잃어버릴 수도 있다. 그러니 작은 상자를 조심하라. 그러지 않기 위해 당신은 매순간 조심, 조심해야만 한다. 항상 깨어있어야 한다.

쥐

정다운(1978~)

그 집 마당에는 대추나무가 있다
엄마는 주인집 몰래 푸른 대추를 따주었다
엄마는 팔이 길어 골라 딸 줄 알았다
하루에 세 개 이상은 따주지 않았다
감쪽같았다

세수를 하다 말고 손톱으로 비누를 긁어 놓으면
밤에 엄마는 쥐가 갉아먹었다고 소리를 쳤다
내일은 쥐약을 뿌려야지, 불이 꺼졌다
쥐약은 파란색이다 반짝거린다
나는 어둠 속에서 쥐처럼 손톱을 물어뜯었다
노오란 비누맛 감쪽같았다

모든 것은 재빠르고 흔적도 없었다
이깟 쥐 사는 방, 주인 여자와 싸우고 이사하던
날

엄마는 남은 쥐약을 대추나무 아래에 파묻고는
발로 나무를 콱 쥐어박았다
푸른 대추 후두둑 떨어졌다

마당에 붙어 줍고 있는 내 손을 몹시 후려치자
몇 알 도로 굴러가 버렸다
손을 다치면 손가락을 쪽쪽 빠는 거지만
나는 차마 입에 가져가지 못해
손등을 바지에 문지르고 서 있었다
엄마 무릎 사이에 끼어 용달차를 타고 가는 동안
나는 주먹 안에 남은 한 알 얼른 입에 넣었다
감쪽같았다
나는 아무리 약을 쳐도 죽지 않는, 쥐처럼
골목을 옮아갔다

시인의 성장체험이 깃든 시다. 새마을운동이 한창 주가를 올리던 때. 가난을 병풍처럼 둘러치고 살던 때. 시인의 가족사는 무엇보다 가난이 지배하고. 집이 없어 세를 내며 이곳저곳

옮겨 살아가는 서러움만 무성하다. 시인의 가족사에는 아버지와 남성이 전혀 등장하지 않는다. 1970년대 우리 문학에 나타난 아비상실, 아비부재의 모티프가 짙게 깔려 있다. 아비는 부권의 상징으로 한 가정의 가장이자 한 국가의 주권이며 권력인 셈.

주인집 마당에는 대추나무가 서 있다. 가난 위로 우뚝 솟은 대추나무. 그것을 두고 주인과 가족 사이엔 긴장이 팽팽하다. 그건 손만 뻗으면 닿는 대추와 그걸 지키려는 주인이 한 울타리 안에 살기 때문. 그때는 CC TV도 없었다. 엄마는 나에게 세 개씩 따주는 요령으로, 나는 비누를 갉아놓는 요령으로 그물망을 빠져나가는데. 그 사이 애꿎은 쥐만 욕을 먹는다. 모든 갈등은 쥐를 핑계로 풀려다 끝내 해결하지 못하고 이사 가는 날. 엄마는 남은 쥐약을 대추나무 아래 묻고 나무에 발길질을 한다. 이내 푸른 대추알 후두둑 떨어져 뒹군다. 잠시 후 나는 주먹 속에 꽉 움켜쥐고 있던 대추 한 알을 감쪽같이 입에 쏙 넣었다. 그것은 내가 엄마 무릎 사이에 끼어 용달차를 타고 하염없이 그곳을 떠나오던 중의 일이었다.

장독대

김명국(1972~)

누님에게는 풍뎅이 한 마리를 잡아주고 싶었다.
쉰 냄새 나게 반나절 구멍만 파던
상수리나무 삭정이에 숨어 버린 딱정벌레
생선가지 마루나무 깔깔한 잎사귀마다
햇살로 부서지던 어린 시절 내 꿈은
감꽃을 꿰어 누님 목에 걸어 주고 싶었다.
풍뎅이는 끝내 날아가 버렸다.
익을 대로 익어 버린 누님의 생각처럼
불어터진 석류가 아프게 몸을 쪼개고
갈라진 고요 속 숨 쉬는 자국들을 남기며
붉게 물든 감잎이 떨어져 내렸다.
숨 가쁜 그리움인 듯
억새가 하얗게 서서 마른 침을 삼켰다.
골방 칠이 벗겨진 거울 화장대 앞에서
감잎의 입술을 발라 화사해진 누님이
누우셨던 지난 밤 때 묻은 베갯머리에

흩어진 머리카락 한 올 짚어내지 못하고
강물은 그렇게 깊어가던 것을
말없이 돌아와 눈을 감으신
속눈썹 짙은 낮달 가을날은 저물어
누님의 입술처럼 붉은 감잎 한 장
뒤란 장독대에 떨어져 내렸다.

장독대는 우리 어머니들의 한과 애정이 짙게 서린 장소. 어린 날 어머니가 보이지 않아 달려가면 거기 장독대에 고개를 박고 어머니는 된장 항아리 속을 들여다보고 계셨다. 간장 항아리 속에 비친 구름을 물끄러미 들여다보고 계셨다. 어머니의 그 눈빛과 마음 빛으로 장독대는 그윽하게 깊어져 갔다. 그곳에서 그렇게 삭혀온 시간의 향기가 저녁 밥상에 구수한 된장찌개로 살아나고, 장조림의 곰삭은 간장 빛으로 살아나곤 했다. 어느 날부터 그곳은 늦은 나이로 시집 못 간 누이의 시간으로 이어지기도 했다. 장꽝이라 부르면 정감은 배가하고 그 절정은 가을에 왔다. 늦여름이 가고 산들바람 불기 시작하면 장독대의 가을은 무엇보다 먼저 붉게 붉게 물든 감잎으로 찾아왔다.

이제 그 장독대는 날아가고 없는데. 그건 장독대만 날아간 게 아니라서. 시인의 장독대 추억은 누님에게 가 꽂혀 있는 듯하다. 누님에게 풍뎅이 한 마리 잡아주고 싶고, 감꽃을 꿰어 목에 걸어 주고 싶었던. 그러나 풍뎅이는 끝내 날아가 버렸고. 어느새 붉게 물든 감잎만 떨어져 내린다. 그 사이 억새는 하얗게 서서 마른 침을 꿀꺽 삼킨다. 어느 날 찾아간 장독대에 누님은 떠나고 항아리 위로 하릴없이 감잎만 한 장씩 떨어져 내린다.

승부

홍사성(1951~)

개를 만나면 개에게 지고
돼지를 만나면 돼지에게 진다
똥을 만나면 똥에게 지고
소금을 만나면 소금에게 진다
낮고 낮아서 더 밟을 데 없을 때까지
새우젓처럼 녹아서 더 녹을 일 없을 때까지
신을 만나면 신에게 지고
강물을 만나면 강물에게 진다
꽃을 만나면 꽃에게 지고
나비를 만나면 나비에게 진다
닳고 닳아서 무릎뼈 안 보일 때까지
먼지처럼 가벼워서 콧바람에 날아갈 때까지
꽃잎 떨어져야 열매 맺듯
이기면 지고 지면 이기는 것
썩은 흙이라야 거름되듯
무조건 진다 지고 또 지고 또 진다

썩고 문드러져서 잘난 척할 일 없을 때까지
끝까지 져서 아무도 못이길 때까지

직관과 역설이 농축된 한 편의 법구경(法句經)이라 할까. 깨달음의 깊이가 맑고 투명한 시냇물로 드러난 진리의 말씀이라 할까. 권위와 규율의 엄격한 침묵이 평이하고도 정감 있는 표정으로 드러난 민낯이다. 불교에는 부처를 만나면 부처를 죽이라는 화두가 있다. 그것은 우상, 권위, 편견과 고정관념의 벽을 가차 없이 허물고 깨버리라는 명제일 것이다. 불교는 그 누구에게도 의지하지 않고 스스로의 깨달음을 추구하기 때문에 조사(祖師)를 만나면 조사를 죽이고 부처를 만나면 부처를 죽이라는 것이니. 이 시는 죽인다는 기표가 진다는 기표로 나타난 것일 뿐.

좋은 시에는 인지적 충격이 있다고 했다. 이 시는 불교의 깨달음과 진리를 표출한 것으로. 무조건 지고 지고 또 짐으로써. 썩고 문드러져서 잘난 척할 일이 없을 때까지. 그리고 끝까지 져서 아무도 못이길 때까지 간다는 것이니. 거기에는 그 표현 이상의 깊은 의미가 내포되어 있는 것이다. 이런 선문답은 형식 논리를 뛰어넘기 때문에 일반인은 물론 수행

자들도 그 의미를 알기 쉽지 않다. 그래서 선사들은 여기에 다시 시나 노래를 덧붙여 그 의미를 깨닫게 하는 것이니. 이 시의 묘미는 그러한 배경으로 접근할 때에 더욱 더 환하게 다가오는 것이다.

벼

이성부(1942~)

벼는 서로 어우러져
기대고 산다
햇살 따가워질수록
깊이 익어 스스로를 아끼고
이웃들에게 저를 맡긴다

서로가 서로의 몸을 묶어
더 튼튼해진 백성들을 보아라
죄도 없이 죄지어서 더욱 불타는
마음들을 보아라 벼가 춤출 때
벼는 소리 없이 떠나간다

벼는 가을 하늘에도
서러운 눈 씻어 맑게 다스릴 줄 알고
바람 한 점에도
제 몸의 노여움을 덮는다

저의 가슴도 더운 줄을 안다

벼가 떠나가며 바치는
이 넓디넓은 사랑
쓰러지고 쓰러지고 다시 일어서서 드리는
이 피 묻은 그리움
이 넉넉한 힘…

추석날 고향에 다녀오며 들판에 가득 찬 벼들을 보았다. 지난여름 펴 올렸던 푸른 절정을 서서히 비우면서. 여름날 폭우와 땡볕을 내려놓고 철들어가는 그 든든한 침묵을 눈여겨보며 왔다. 그곳에서 잠시 나도 더 무겁게 철이 드는 기분이었다. 그것은 그냥 벼가 아니었다. 그건 벼들이었다. 그 복수(複數)의 미학. 자기를 비워서 더 큰 우리가 되는 복수의 힘이었다. 너른 들은 서로서로 어우러져 기댄 벼들로 넘실대고 있었다. 그 넉넉함을 배경으로 원경의 먼 산도 거기에 와서 함께 어우러지고 있었다. 산의 높이가 비로소 벼들의 넓이와 만나 깊어지는 풍경이었다. 이 세상의 넓이와 높이와 깊이가 어우러진 절정의 삼부작.

들녘을 바라보며 모처럼 가슴 벅찬 순간. 그건 너와 내가 크게 하나로 화합하는 느낌이었다. 그것이야말로 비로소 고향에 돌아온 느낌. 그 홍겨움 더없이 강력하게 밀물지는 순간이었다. 그러면서 우리들 힘겨웠던 순간도 함께한 일 떠올랐다. 손에 손을 잡고 어둠을 헤쳐 밀고 가던 길. 촛불을 밝히며 밤을 새우던 순간도. 이윽고 해가 떠올라 어두웠던 세상이 밝은 대명천지로 변하지 않던가. 힘차게 들녘으로 달려가니 노을도 붉게, 붉게 물들며 새로운 시간을 예비하고 있었다.

공명

조경선(1961~)

기어코 톱은 스며들어 무늬를 들여다본다
먹줄을 따라 떨어지는 활엽의 허연 비늘
못 먹는 밥이라지만 집착 없는 뼛가루다

사라지는 선을 따라 촘촘히 뱉어내도
나무는 품 안에서 어금니를 꽉 깨문다
뭉쳐진 그루터기가 고집으로 맞설 땐

무른 사람에게도 지켜야 할 예의가 있다
흉부를 열어 전부를 탐하려 하다간
맥없이 악다구니에 곧바로 먹히고 만다

한 시간 째 생목 냄새가 팔뚝을 휘감는다
밀고 당기는 운율 속에 30년 된 오동나무가
살며시 바람 소리와 물소리를 털어낸다

쩌어억, 수만 가지 희로애락이 풀려나간다
악기는 태어나는 순간부터 공명일까
고요한 둥근 결을 따라 정간보의 맥박이 뛴다

가야금은 우리나라 고유의 현악기. 오동나무로 만든 좁고 긴 직사각형 공명통 위에 명주실로 꼰 12줄을 걸고, 각 줄마다 기러기발을 받쳐 놓았다. 음색이 맑고 연주 기교가 다양해 아악과 민속악에 두루 사용된다. 아악이나 정악 같은 정통 음악에 쓰이는 가야금은 풍류 가야금이라 하고, 민속악 특히 산조에 쓰이는 가야금은 산조 가야금이라 부른다. 그러니 가야금은 우리의 민족성을 아주 잘 나타내는 악기로 국악기 중에서도 으뜸으로 가장 많이 연주된다.

묵은 오동나무 베어져 제 몸을 비우고 그 안에 허공을 품어 하나의 가야금으로 탄생하는 순간. 그건 우주의 기운을 받아 태어나는 대지의 항아리. 마디마디를 저미어 절제된 심장으로 살아난다. 톱의 스밈으로 무늬가 열리고 먹줄을 따라서 깊이가 선다. 사라지는 선을 따라 결이 생긴다. 뭉쳐진 그루터기 고집으로 맞서는 걸 보면서 사람의 도리를 생각한다. 오랫동안 생목의 냄새가 팔뚝을 휘감고, 밀고 당기는 흐름 속에 30년 된 오동이 밤소리 물소리를 털어낸다. 이윽고 수만 가지 희로애락이 풀리면서 악기는 세상에 태어나는 것. 그제야 공명의 숨통을 따라 둥근 결이 열리고 정간보의 맥박은 힘차게 뛴다. 콸콸콸 민족의 정기로 쏟아진다.

나사

권성훈(1970~)

자음과 모음 하나로 캄캄해지는 방에서
새로 돋아나지 못하는 움 말 돋는 걍
굽힌 어둠이 한 마디씩 펴지게
펴진 빛도 한 소절씩 굽히게
먼 길 걸어온 꽃송이 송이도
그날 피어나거나 그냥 오므린다
아득히 녹는 것을 얼어붙게 만들고
제다 멈춘 것을 죄다 닫히거나 가만히 열리고
말없는 말을 삼키며 얼음꽃 같이 슬어가는 당신
단단한 벽을 들어가 안으로 잠그고 있어
물방울같이 커지다가
혹, 우주같이 작아지다 사라지는 걸
길고 예리한 혀를 내밀면서
이른 아침 해를 돌리고 있는
무심코 갈라진 새싹에서 보고 말았네

꽃이 피고 지는 그 하나도 나사가 조여지고 풀리는 그런 작용과 이치는 아닐까. 저 지구 반대편에서 나비 하나 작고 여린 날갯짓 들썩일 때마다 그것은 반대편 지구로 폭풍이 되어 밀려오는 것. 이른 아침에 피어나는 여린 새싹 한 자락도 사실은 해를 돌리고 우주로 나아가는 문턱을 넘는 것. 그러고 보면 꽃잎이 열리는 그 순간은 참으로 곡진한 생의 몸부림인 셈. 그 안의 이치는 참으로 고요하고 오묘해서. 세상의 모든 생명은 물방울같이 커지다가 혹, 우주같이 작아지다 사라지느니. 그것은 생명이 간직한 모질디모진 역설이다. 오. 그걸, 길고 예리한 혀를 내밀며 이른 아침 해 맞이하는 새싹 속에서 발견하는 시인의 예리한 눈이라니.

그러니 그대 생을 품고 가며 흔들리는 꽃잎을 걍(그냥) 감추지는 마시라. 이 세상의 눈동자 제다(모두) 별빛을 향해 열려 있는 법. 작은 손을 펴보면 물방울 하나가 지구를 밀고 가는 이치. 손바닥을 닫고 보면 우주가 다시 꽃잎 속으로 스며드는 이법인 것을. 내가 그대 향해 닫힌 꽃잎을 여는 것처럼. 굽힌 어둠이 한 마디씩 펴지게 하고, 또 펴진 빛도 한 소절씩 굽어지게 하는 것. 오. 작은 나사 하나를 돌리며 깨닫는 이 곡진한 생의 이법이여.

하이웨이 속으로

연용흠(1953~)

남쪽 바다로 가기 위해
고속도로 통행권을 뽑는다
차폐遮蔽의 두어 시간은
연주를 멈춘 목관 악기 속이다
겨울 아침 외길을 달려
산과 강의 마을과 한 점의 육중한 트럭을 비켜간다
바삐 만나는 세상 것들이
지느러미 하느작거리는 활어 떼처럼
육신을 통과하고 잠시
차안은 심해深海가 된다
절친한 것들과 가끔씩 아득히 멀어져야
몸이 가벼워진다
어둠 자락도 슬픔 없이 건널 수 있다
너울너울 네가 온다
낯선 섬의 모래 위를 춤추는 방게 새끼와

게를 쪼아 먹는 날짐승의 조우다
돌아갈 수 없는 외길에서만
네가 또렷하다

우리 사는 공간은 모두 하이웨이다. 순식간에 속도 속으로 깊게 빨려 들어가 사라져버리는 것. 그럼에도 우리는 점점 더 그 속도의 블랙홀 속으로 달려드는 게 아닌가. 하여 시인은 그 속으로 질주하여 바닷가에 가서 파도에 낚싯줄을 묻는다. 어쩌면 그것은 바다를 낚싯줄로 묶으려는 것. 시간의 흐름을 포기하고 거대한 바다를 묶어두자는 셈. 그러므로 하이웨이의 속도와 낚시의 기다림은 절대 상극일 수 있다. 잠시도 멈출 수 없는 하이웨이의 시간과 싸워내야 도달하는 바다. 그리고 기다려야만 닿을 수 있는 낚시의 순간. 그 대척점에서 시인은 순간을 영원히 잡아두고 싶어 찌를 달고 파도 속으로 낚싯줄을 휘날린다.

어쩌면 모든 것은 과정일지도 모른다. 하이웨이를 경유하는 과정. 시인은 겨울 아침 외길을 달려와 절친한 것들과 가끔씩 아득히 멀어져, 돌아갈 수 없는 외길에 닿고자 한다. 그것은 그렇게 함으로써 몸이 가벼워지고 네가 또렷해지기 때문. 오직 앞으로 달려가던 그 외길에서만 너를 또렷하게 바라볼 수 있는 까닭이니. 멍때리기라고나 할까. 절친한 것들과 아득히 멀어졌다 다시 낯선 현재로 돌아온다. 그런데 그것 또한 하이웨이를 타고 온다는 것. 그것이 우리 생의 진상 아이러니다.

생선을 구우며

전영관(1950~2016)

중간 불로 뒤집고
약한 불로 다시 뒤집어
실오라기 하나 걸치지 않은
일상의 알몸을 통째로 굽는다.

노릇노릇 구워져 하루의 밥상에 오를 때까지
타오르는 열기 속에서 뒤집히고 또 뒤집힌다.

탁탁 소리 내며 반항하고 싶은
젊은 날도 있었지.
큰 불만 고집하다가
상처까지도 모두 태운 때도 있었지.

비린내가 풍긴다.
비린내가 묻는다.
한 끼의 맛있는 밥상을 위해

인내를 해야 하는 많은 시간들이
훨훨 날지 못하는 시든 지느러미 날개가 되어
불꽃 속으로 사라진다.

내가 피웠을 냄새와 연기
지금쯤 어느 자리에 엉겨 붙어
부끄러운 모습으로 녹슬어 가고 있는지.
어느 가슴에 남아 아프게 하고 있는지.

시인이 생선을 구우며 시 한 편도 같이 구웠으니 그는 다만 아침상을 차린 것만은 아니다. 생선 한 토막을 굽는데도 이렇듯 깊은 철학이 있거늘. 그건 삶의 비린내 남기지 않고 모두 지우는 게 가장 중요한 철칙. 불의 세기 잘 조절하여 재료를 다스려야 한다. 중간 불과 약한 불로 다스리며 타오르는 열기 속에 뒤집고 또 뒤집는다. 노릇노릇 구워져 밥상에 오를 때까지 인내와 기다림이 필요하다. 이 어찌 한 편의 시 쓰는 것과 비교해 쉽다고 하랴. 더욱이 어머니 손맛이 살아나기까지는 우리의 생을 다 바쳐야 할지 모른다.

고등어 한 마리가 프라이팬에 올라와 구워지기까지. 그는 깊고 너른 바다 헤치며 등 푸른 생선으로 성장했을 것. 한때는 상어의 공격 피해 수초 사이로 숨었을 것. 더러는 죽어간 동료 가운데 살아남았을 것. 어느 날 어부의 그물에 걸려 얼음 속에 파묻히고. 육지로 올라와 어느 주부 손에 들려와 불 위에 누웠으니. 궁극에 이르러 그는 프라이팬에 누워 노릇노릇 익혀지는 그 순간까지 불길을 받아들인다. 익혀지며 끝내 비린내 지우고 지운다. 그건 바다의 흔적을 남김없이 태워버리는 일. 그런즉, 고등어의 최종착역은 프라이팬. 물을 넘어 얼음 타고 불에 이르러 마침내 바닷속 기억을 깨끗이 비워내는 것.

그대는 나의 가장 소중한 별

김소엽(1944~)

우리네 인생길이
팍팍한 사막 같아도
그 광야길 위에도 찬란한 별은 뜨나니
그대여,
인생이 고달프다고 말하지 말라

잎새가 가시가 되기까지
온몸을 오그려 수분을 보존하여
생존하고 있는 저 사막의 가시나무처럼
삶이 아무리 구겨지고 인생이 기구해도
삶은 위대하고 인생은 경이로운 것이어니
그대여,
삶이 비참하다고도 말하지 말라

그대의 따뜻한 눈빛 한 올이 별이 되고
그대의 다정한 미소 한 자락이 꽃이 되고

그대의 부드러운 말 한 마디가 이슬 되어
내 인생길을 적셔주고 가꾸어 준
그대여,
이제 마지막 종착역도 얼마 남지 않았거니
서럽고 아프고 쓰라린 기억일랑
모래바람에 날려 보내고
아름답고 즐겁고 행복한 기억만을
찬란한 별로 띄우자
내가 외롭고 아프고 슬플 때
그대가 나의 소중한 별이 되어 준 것처럼
나도 그대의 소중한 별이 되어주마

이 세상 어딘가에 그대가 살아있어
나와 함께 이 땅에서 호흡하고 있는
그대의 존재 자체만으로도
나는 고맙고 행복하나니
그대는 나의 가장 소중한 별
그대는 나의 가장 빛나는 별

이제 가을도 자못 깊었다. 산골짜기 연못에 구름이 깊듯이. 깊은 가을은 곧 다가올 겨울. 새로운 순간을 예감하는 때. 나무도 숲도 풀도 몸을 움츠리고 제 마음속 사업에 골똘하는 때. 풀벌레 소리도 소리 속으로 길 떠나고 제 발자국을 삼켰다. 가장 화려한 단풍으로 물든 숲과 마른 갈대의 모습이 실은 우리 생의 정점을 가장 극명히 보여주는 법. 이렇게 자연은 한 단계 도약을 위해 조락과 소멸을 딛고 무한히 새로운 성장을 반복해 가느니. 인간은 삶의 일회적 순간의 한계를 극복하기 위해 자연으로부터 상징과 은유를 끌어오고 있다. 그 중에 제일은 별이다. 가장 먼 거리에서 참 빛으로 달려오는 별. 그러니 그대야말로 내게는 가장 따뜻한 별이 아닌가.

우리 삶은 때로 사막이나 광야의 가시, 가시나무로 비유되거늘. 그 속에도 고달프다 비참하다 말하지 말고 가야 하는 법이다. 그것은 그대의 따뜻한 눈빛과 다정한 미소, 부드러운 말로 인해 우리 서로의 별이 되고. 꽃이 되고 또 이슬이 될 수 있는 까닭이다. 그것은 하늘에 별이 있고, 지상에는 꽃인 그대 내 곁에 있어. 또 그대 가슴엔 늘 맑은 시가 고여 있기 때문. 그러니 그대 나의 가장 소중한 별이여. 그대는 나의 빛나는 별이다.

유년 풍경

손혁건(1966~)

한여름 땡볕에 소여물 쑤던
할머니 머릿수건이 벌겋게 익을 때쯤
만경벌 지평선으로
부지런한 낮달이 석양을 내려놓고
굴뚝도 달궈진 숨을 내쉰다

들녘 볏 짚단이 검붉게 타올라야
논 일 마치신 할아버지
막걸리 잔 술에 오른 취기로
자전거 바큇살에 감긴 어둠을 끌고
비틀비틀 집으로 돌아오셨다

마당에 멍석 깔고 모깃불 놓으면
이른 달빛 사이로 별들이 강물처럼 흐르고
누렁이 마냥 정지를 기웃거리면
고봉으로 담긴 하얀 쌀밥 밥상이

모락모락 손짓을 하곤 했다.

누구에게나 한 자락 유년의 풍경이 없겠는가. 어쩌면 우리들 삶의 총체성이 살아 흐르던 때. 세계와의 갈등이 출현하기 이전의 평화롭고 아늑한 축복처럼 다가온다. 대지의 모성이 지배하던 때. 풍요와 다산의 들녘이 펼쳐있고 그 위에서 벌이던 신성한 노동. 그리고 저물녘 가족과 함께 하는 밥상과 휴식이 기다리던 곳. 저녁을 먹고 나면 하늘엔 달빛 흐르고 그 강물 위로 별들이 깨알처럼 뿌려지곤 했지. 그때는 할머니와 할아버지의 권위와 위엄이 우리 삶을 품어 안고 기르던 때. 오, 그 시절은 그대로 한편의 시이고 또 신화 아니었나. 그건 진정한 우리 고향의 얼굴.

우리에겐 언제나 싱싱하게 살아있는 곳. 그 오래된 미래가 못내 그리울 때 있다. 우리들 삶이 돌아가 안겨야 할 곳. 그러나 그곳은 이미 우리 삶의 형식으론 사라지고 만 곳. 그러니 우리가 그 정신 살려내 다시 귀향해야 할 곳. 봄 여름 가을 겨울 계절이 힘껏 피었다 지고 다시 피고. 부지런한 낮달이 석양을 내려놓으면 들녘 볏 짚단이 검붉게 타오른다. 이른 달빛 사이 별들은 강물처럼 흐르는데. 고봉으로 담긴

쌀밥이 모락모락 손짓하는 곳. 아, 어쩌면 우리가 살아서 경험한 최후의 그 낙원.

그네

임영조 (1945~2003)

어디서 명퇴한 중년일까
아파트단지 어린이 놀이터에서
반백의 사내가 아침을 민다
서너 살 손주 놈을 그네 위에 앉히고

줄을 꼭 잡아라! 놓치지 마라!
거듭 당부하면서 힘껏 밀어올린다
와와, 둥근 해가 솟는다 아이가 뜬다
허공 가득 퍼지는 해맑은 웃음소리
나뭇잎들 팔랑팔랑 손뼉을 친다

땅을 박차고 하늘 높이 올라라
올라가서 세상을 내려다보라
검버섯 핀 손등으로 그네를 미는
저 반백의 사내는 지금, 놓쳐버린 꿈
흘리고 온 세월을 미는 것일까

남은 생을 밀어내는 것일까

생이란 무릇 그네 타기 같은 것
아무리 밀어도 밀어 올려도 그네는
다시 제자리로 내려올 것이다
정상으로 밀어올린 욕망은 곧
땅으로 굴러 내릴 바윗돌인데
계속 잔머리를 굴리는 시쉬포스들

날마다 제 한 몸 밀어 올리려
아찔한 그넷줄 잡고 용쓰던 퇴역
오늘은 등뼈가 휜 반백으로 돌아와
어린이 놀이터 그네를 민다
밀 때마다 손주는 멀리 떠나고
허허로운 배경으로 홀로 남는다

아파트 단지의 놀이터에서 서너 살 손주를 그네 태우는 반백의 사내. 그는 필시 퇴역한 사내일 것. 그네가 높이 차

오를수록 해맑은 웃음소리 쏟아내며 좋아하는 아이. 등뼈가 휜 반백의 사내와 대조되어 인생의 회한을 드러낸다. 날마다 제 한 몸 밀어 올리려 용쓰던 퇴역의 중년이 아이에게 줄을 꼭 잡고 놓치지 말라 외친다. 줄이란 반백의 사내에겐 직장이고 사회적 지위, 기득권이었다. 아이에겐 장차 돈, 권력, 지위, 명예 등 사회적 배경이라 할 수 있을지. 오늘 사내는 아이를 위로 밀어 올릴수록 서서히 이 사회의 중심으로부터 멀어져 간다.

그네는 인생을 함축. 그네에는 근본적으로 갈등구조가 내재한다. 그네는 지상으로부터 공중으로 박차 오른다. 그리고 올라간 그 높이에서 지상으로 하강한 후 다시 반대편 하늘로 솟구친다. 그리고 끝내 지상으로 다시 추락한다. 그네는 이렇게 땅과 하늘 사이를 오가기 반복한다. 하늘 향한 상승과 지상을 향한 하강의 두 운동 축을 지닌 그네. 그네가 오가는 지점에서 지상은 현실이고 하늘은 이상인 셈. 우리는 그넷줄 타고 가는 숙명이니. 삶을 포기하지 않는 한 우리가 매달려야 하는 희망의 덫. 우리는 그넷줄의 구속을 통해서만 하늘에 닿을 수 있기 때문이다.

둥글다

임미리(1967~)

바람 불어 향그러운 날
동구리 호숫가 오솔길을 걷습니다.
갑자기 비가 내리고, 멈추더니
나뭇가지는 맑고 투명한 빗방울
주렁주렁 둥글게 매답니다.
바람 불어 나무는 간지럽다는 듯
참을 수 없는 가벼움으로
둥근 빗방울 머리 위로 떨어뜨립니다.
깜짝 놀라 다람쥐처럼 귀를 세우고
나는 사람방울이 되어
둥글게 굴러가다가 두 발 멈춰섭니다.
주위를 둘러보니 세상은 빗방울 머금고
둥글게 둥글게 돌아갑니다.
서로서로 손잡으면 둥글게 커지는 빗방울
호수를 흔드는 잔잔하고 둥근 포물선
따스한 마음 한 자락 멀리멀리 보냅니다.

둥글게 돌아가는 지구처럼
세상은 둥글다고, 둥글게 살아가라 합니다.
저 하늘은 사람방울 만들어놓고
모른 척 청아한 얼굴 내밉니다.

'둥글다'는 제목처럼 이 시는 온통 둥근 세계로 도배가 된 듯합니다. 또한 물의 세계가 지배적이기도 하지요. 둥글다는 것은 언제나 다시 동근 것을 낳느니. 빗줄기는 빗방울을 낳고 둥근 빗방울은 종내 우리를 사람방울로 만듭니다. 세상은 그렇게 손을 잡고 점점 더 둥글어져 가는 것이겠지요. 세상은 한껏 부풀어 더 커져만 가는 것이겠구요. 빗방울은 둥글고 그래서 호수도 둥글고. 또 둥글게 돌아가는 지구가 둥글고. 세상은 더욱 둥글고 그래서 그것을 품고 있는 하늘도 덩달아 둥글어지는 것입니다. 그러니 둥근 것은 모든 것들의 원형인 셈. 그곳에서 새로운 생명은 탄생하는 것입니다.

세상은 서로서로 손잡으며 우리 모두 둥글게 커가는 물방울. 하늘과 사람의 이 먼 거리를 연결시켜주는 것도 정다운 빗방울. 그러니 그 빗방울 나뭇가지에 주렁주렁 매달려 머리 위로 떨어져 내리니 사람도 방울이 되어 점점 커집니다. 못내 그 빗방울로 인해 사람도 사람 방울 되어 둥글게 더 둥글게 굴러갑니다. 둥글게 돌아가는 이 지구처럼. 세상은 둥글다고 그래서 둥글게 살아가라고 합니다. 우리 모두는 그렇게 가파른 비탈길을 굴러온 것입니다. 힘차게 달려온 것이지요. 한껏 빛과 함께 희망을 품어 온 것이구요. 둥글게 둥글게 더 둥글게.

벙어리장갑

오탁번(1943~)

여름내 어깨순 집어준 목화에서
마디마디 목화꽃이 피어나면
달콤한 목화다래 몰래 따서 먹다가
어머니한테 나는 늘 혼났다
그럴 때면 누나가 눈을 흘겼다
- 겨울에 손 꽁꽁 얼어도 좋으니?
서리 내리는 가을이 성큼 오면
다래가 터지며 목화송이가 열리고
목화송이 따다가 씨아에 넣어 앗으면
하얀 목화솜이 소복소복 쌓인다
솜 활끈 튕기며 피어나는 솜으로
고치를 빚어 물레로 실을 잣는다
뱅그르르 도는 물렛살을 만지려다가
어머니한테 나는 늘 혼났다
그럴 때면 누나가 눈을 흘겼다
- 손 다쳐서 아야 해도 좋으니?

까치설날 아침에 잣눈이 내리면
우스꽝스런 눈사람 만들어 세우고
까치설빔 다 적시며 눈싸움한다
동무들은 시린 손을 호호 불지만
내 손은 눈곱만큼도 안 시리다
누나가 뜨개질한 벙어리장갑에서
어머니의 꾸중과 누나의 눈흘김이
하얀 목화송이로 여태 피어나고
실 잣는 물레도 이냥 돌아가니까

우리 집에는 2남 3녀. 위로는 형과 누나가 둘. 벙어리장갑 속 다섯 손가락처럼 어머니 사랑 안에 시끌벅적 자랐지. 펑펑 눈이 쏟아지는 날이면 목화솜 따던 추억 떠올린다. 할머니의 물레는 언제나 쉬지 않고 돌아갔지. 논둑 밭둑에도 정자나무와 언덕이나 비탈에도 하얀 타래 솜 푸짐하게 펼쳐놓았지. 멀리 새떼도 마을로 내려와 먹을 것 찾아 짚더미를 뒤지곤 했다. 초가지붕 위로는 연기가 꾸물거리고 먼 마을에 이따금 개짖는 소리도 들리곤 했지. 벙어리장갑은 그래도 붉은 색이

어울렸다. 흰색은 눈밭에 떨어지면 잘 보이지 않으니까. 자꾸만 확인해야 하니까. 흰 눈과 대조된 강렬한 색의 조화. 그게 사랑이니까.

그런데 이제 보니 벙어리장갑엔 어머니 꾸중과 누나의 눈 흘김이 들어 있는 것. 그건 하얀 목화송이 아직도 피고 있는 거다. 지금 창밖에 내리는 송이 눈은 하얀 목화꽃을 피워내는 중. 눈송이가 호호 불며 아주 큰 벙어리장갑으로 언 땅을 품어주는 것. 그 안에서 올해 다 피우지 못한 씀바귀 싹도 포근히 잠자고 있고. 흰꽃 쏟아낼 찔레순도 콜콜 잠을 자고. 때가 되어 내가 그 찔레순을 꺾으면 어머니는 또 찔레 가시에 손가락 찔려도 좋으니? 하시겠지. 누나는 또 한껏 눈을 흘기겠지. 이제는 엄지장갑이란 말이 더 어울리는 것.

맛의 질량

이지호(1970~)

감정이 안의 맛인 줄 알았다
맛도 안이 있고 바깥이 있었다

붉은 혀를 버리는 나무
저것은 단식이 아니라 절식이다
한 며칠 단식의 끝, 침이 고이지 않는다
혀를 데리고 멀리 간 이름에 통속의 맛이 들어
있다

재치기 끝의 밀리그램맛
가려움 뒤 붉은 흔적의 그램맛
스침 후에 붙어 있는 킬로그램맛
격렬한 맛인 통증의 톤맛

뒤끝이 모여 있던 며칠간의 복통
맛을 모르는 곳에서 탈 난

창문은 항생제다
풍경을 오래 바라보았다
날카로운 부위들이 혈관 속으로 숨어 버리고
팔엔 맛없는 맛만 남아 있다
혀를 데리고 한 며칠 떠나 있는 곳마다
내 것이 아닌 내 것들이 아프다

바구니 안의 과일이 단식에 든다
열매는 제 맛을 버리며 생명체 하나 키웠다
혈관들이 아팠을 것이다

입을 닫는 나무 혈관
맛을 보는 팔의 혀가 숨어 버렸다

맛의 질량이라니. 맛에도 무게가 있다는 게지. 하기야 와인 맛을 해비하다 하고 라이트하다 하니까. 발상의 전환이 그런 거다. 이 시는 그렇게 발상의 전환으로 출발하고 있다. 그게 모든 비유의 출발이다. 가령, 멋의 질량이나 눈빛의 질량,

분노의 질량이나 미소의 질량. 또 느낌의 질량. 이렇게 질량으로는 측정할 수 없는 쪽으로 과감하게 달려가는 상상력과 순발력. 그리고 집중력과 재치까지. 그러니 시도 강한 모험심 있어야 잘 쓸 수 있는 법. 때로는 절벽을 향해 한 발 더 나아가는 시점에서 폭발하는 것. 그 벤처정신이 애플을 만들고, 아이폰을 울리고, 스마트폰을 터트렸지.

그래서 시인 신동엽과 스티브 잡스는 통하는 것. 그래서 그들은 모두 비본질적인 것을 벗겨내고 단순화를 통해 본질을 꿰뚫어내려 시도했다. 신동엽은 그 많은 껍데기를 벗겨내고 알맹이를 찾으려했다. 또 스티브 잡스는 회로의 복잡한 구조를 단순화했다. 그 핵심에는 시가 있다. 한 단계 더 나아가서 맛에도 안과 밖이 있다고 하니. 시와 시정신의 핵심은 곧 보이지 않는 것을 보는 것, 들리지 않는 것을 듣고 또 남들이 느낄 수 없는 것을 느끼는 일이니. 그대는 맛의 표정과 맛의 그림자 맛의 뒷모습도 보는지요.

바쁘다 봄비

정대구(1936~)

기척도 없이 봄비가
어느새 땅속을 노크했는지

동면에서 잠 깨어
쭉쭉
기지개를 켜며 기어 나오는 개구리

가만가만
간질이는 봄비의 속삭임에
몽긋몽긋
피어나는 개나리 진달래 꽃봉오리
뾰족뾰족
마른 나뭇가지 비비고
연초록 새순 돋고

살금살금 밟고 오는 봄비를 맛본

들판 여기저기 새싹 움트는 소리
파릇파릇 눈을 씻고

바쁘다 바빠
겨우내 감감하던 새소리
처음
빗쭈빗쭈 들려오는 아침
노란 옷 입고
올해 첫
학교 가는 아이들 같이
재재재 재잘거리는 봄비

이 시의 주인공은 봄비, 무대 배경은 봄이다. 지상은 온통 봄비를 위한 무대가 되고 공연장이 된다. 스스로 또한 관객인 셈이다. 봄비처럼 바쁜 것이 있을까. 하늘로부터 땅, 그리고 땅속 깊이 이르기까지. 온 세상을 다 평정하는 게 봄비니. 봄비로 인해 개구리도 개나리 진달래도, 그리고 마른 나뭇가지의 연초록 새순까지도. 봄비를 한 모금 맛본 것이라면 그

어떤 것도 이 세상의 철벽 수비를 다 허물고 세상 밖으로 튀어나온다. 이윽고, 겨우내 침묵 속에 지내던 새들마저 목청을 틔우고 이어서 노란 옷 꺼내 입고 학교 가는 아이들처럼 세상을 떠들썩하게 하지.

무채색의 봄비가 이렇게 요술을 부릴 수 있다니. 무색, 무취, 무미, 무표정의 그것이 부리는 마력은 대단하다. 그것은 물의 속성으로 어머니의 역할을 하는 것이니. 잠든 대지를 톡톡, 톡 일깨우는 모성의 손바닥. 상처 난 대지를 감싸 안고 늦잠 자는 아들을 안아 일으키는 엄마의 등 두드림. 대지는 비로소 물의 혼을 빌어서 대청소를 하고 푸른 새 옷으로 갈아입는다. 이제 막 동구 밖을 빠져나가는 예닐곱 명의 아이들이다. 그들을 따라서 도랑의 물소리들도 조잘 조잘대며 쫓아가고. 도랑가에 서 있는 미루나무도 서서히 몸을 움직임다. 그 미루나무에는 아이들 조잘대는 소리를 들으려 파릇파릇한 이파리 귀들이 밀며나오고 있다.

시골 큰집

신경림(1936~)

이제 나는 시골 큰집이 싫어졌다.
장에 간 큰아버지는 좀체로 돌아오지 않고
감도 다 떨어진 감나무에는
어둡도록 가마귀가 날아와 운다.
대학을 나온 사촌형은 이 세상이 모두
싫어졌다 한다. 친구들에게서 온
편지를 뒤적이다 훌쩍 뛰쳐나가면
나는 안다 형은 또 마작으로
밤을 새우려는 게다. 닭장에는
지난봄에 팔아 없앤 닭 그 털만이 널려
을씨년스러운데 큰엄마는
또 큰형이 그리워지는 걸까. 그의
공부방이던 건넌방을 치우다가
벽에 박힌 그의 좌우명을 보고 운다.
우리는 가난하나 외롭지 않고, 우리는
무력하나 약하지 않다는 그

좌우명의 뜻을 나는 모른다. 지금 혹
그는 어느 딴 나라에서 살고 있을까.
조합 빚이 되어 없어진 돼지 울 앞에는
국화꽃이 피어 싱그럽다 그것은
큰형이 심은 꽃. 새 아줌마는
그것을 뽑아내고 그 자리에 화사한
코스모스라도 심고 싶다지만
남의 땅이 돼버린 논둑을 바라보며
짓무른 눈으로 한숨을 내쉬는 그
인자하던 할머니도 싫고
이제 나는 시골 큰집이 싫어졌다.

이제 나는 시골 큰집이 싫어졌다. 이 시는 이렇게 단도직입적으로 첫 행을 풀어놓았다. 폴 발레리가 말했다고 했다. 시의 첫 행은 신이 내려주는 선물이라고. 그렇듯 이 시의 선언적인 서두는 곧 이어서 그 배경을 제시하는 상황으로 전개되어 가고 있다. 내가 시에 관심을 갖던 20대 초반에 읽으며 충격으로 다가왔던 신경림의 시편. 신경림의 시적 분위기는 1960년대로부터 1970년대 우리 근대화 과정의 농촌 풍경으로 떠오른다. 가난으로 점철되었던 농촌의 경제적 파탄이 배경이 되고 있는 이 시 또한 그 즈음 우리 농촌의 한 전형적인 풍경이리라.

큰집을 배경으로 하여 큰아버지, 사촌형, 큰엄마, 큰형, 새 아줌마, 그리고 할머니가 등장하는 이 가계에는 현실에 찌든 가족의 고통과 절망이 아로새겨져 있다. 가부장적 시대의 상황을 제시하듯 대학을 나온 사촌형. 그러나 왠지 그는 이 세상이 모두 싫어졌다고 토로한다. 그런 사촌형은 훌쩍 뛰쳐나가 마작으로 밤을 새우고, 빈 닭장에는 털들만 날리고 있다. 이미 지난봄에 팔려간 닭들의 흔적은 어디에도 없는데. 큰형의 공부방을 치우던 큰엄마가 우시며 바라보는 방의 벽에 붙여놓은 좌우명은 이 시의 가장 깊은 감정의 회오리를 일군다.

우리는 가난하나 외롭지 않고, 우리는 또 무력하나 약하지 않다는 것. 그러나 그런 형은 이제 어느 딴 나라에 가서 사는지도 모른다. 조합 빚, 텅 빈 돼지 울 등은 당시 농촌의 정황을 압축해 보여주는 핵심. 그 돼지 울 앞에는 역설적으로 국화꽃이 피어 싱그럽게 빛나고 있다. 그 슬픈 아이러니. 남의 땅이 돼버린 논둑. 그것을 바라보며 한숨 쉬던 할머니도 싫다고. 그래서 이 시는 이제 나는 시골 큰집이 싫어졌다고 첫 행을 다시 강조하며 끝을 맺는다.

활래정活來亭*에서

장승진(1975 ~)

삼백 년 묵은 소나무 가지가
바람결에 날아온
눈꽃 한 송이 무게로
뚝 부러졌다

그대 연꽃 같은
사랑의 말로
내 가슴 속 빗장을
그렇게 부숴다오

참을 수 없는 무게를 견디며
소나무는 생각했을 것이다
언제 놓아줘 버릴까
아주 짧지만 긴 순간

그대 내게 흘러와

나를 적시고 나를 풀어다오
그 봄날 배다리 집 뒷산에서
가지를 놓아준 소나무처럼
묻어둔 돌을 씻어
시원하게 내려 놓아다오

* 활래정(活來亭) : 강릉 선교장(배다리집) 정원의 연못 가운데 세워진 누각 형식의 정자.

젊은 날 여름 선교장에 가서 하루를 묵었던 적이 있다. 작은 연못 가득 연잎은 푸르고 그 귀퉁이에 턱 하니 누각이 한 채 솟아 있었다. 활래정活來亭. 30대 초반 나의 여름 방학 학술 세미나로 갔던 기억인데. 시인은 그곳에서 사랑을 노래하고 있다. 4연의 구성으로 1, 3연은 소나무에 대하여, 그리고 2, 4연은 나와 그대의 사랑에 대하여 썼다. 삼백년이나 묵은 소나무 가지가 바람결에 날아온 마지막 한 송이 눈꽃의 무게로 뚝 부러졌다고. 그렇게 그대여 내 가슴 빗장을 분질러달라고. 소나무가 부러지기 직전, 무게를 견딜 수 없어 안절부절

하면서도 소나무는 언제 놓아줘버릴까를 생각했다고. 그 소나무처럼 제발 그대여 나를 풀어달라고.

전경후정(前景後情)이라 할 수 있다. 첫 연의 풍경을 필두로 이 시가 끌고 가는 정서. 삼백년 묵은 소나무 가지가 부러진 것도 마침내 퍼붓기 시작한 눈이 쌓이고 쌓여서. 어느 순간 눈꽃 한 송이가 더해지면서 부러진다는 것을. 그 부드러운 눈꽃송이처럼 달콤한 사랑의 말로 가슴 속 빗장을 부숴달라고. 지금 시인은 무언가에 얽매여 있다. 그래서 이제 나를 놓아달라고. 시원하게 내려 놓아달라고. 시인은 그 이야기를 하려고 강릉의 활래정에 가서 뒷산 가지 부러진 삼백년 된 소나무를 불러온 것이다.

지금

이향지(1942~)

지금은 바쁘다
지금은 지나간다
지금은 머물지 않는다
지금은 어디에도 침대를 들여놓지 않는다
때로 만나는 지금
장소로 만나는 지금
이 세상 속 모든 입장과 경우를 모두 벗어나서
비 내리는 땡감나무 속
실비로 스미는 지금
사는 일이 우는 일이라는 것을 알게 된 지금
아는 일이 모르는 일보다 많다는 것을 알게 된 지금
작은 몸 하나 안아서 씻기고 먹이고 재우는 일로도 허기지는
지금의 연속인
개늑시

지구의를 돌리면서 놀던 소녀를 다시 만났네
얼굴을 들어라 노을아
눈 깜짝하는 사이에 말라 버린 실비 같은 얼굴
푸석푸석 일어나는 먼지 같은 노을아
개 소리 늑대 소리 뒤섞인 노을 속에서 지금
들여다볼수록 무채색에 가까워지는 노을의 지금
고맙네 덕분에 잘 살았네 그 한마디 전할 틈 없던 지금
지금 돌아보네

황금, 백금 그 중에서도 가장 좋은 금은 지금이라는 말이 있다. 그만큼 우리가 살아있는 현재로서의 순간은 가장 소중한 시간이라는 뜻이다. 그래서 오늘은 어제 죽은 누군가 그렇게도 그리워하던 내일이었다는 말도 있지 않은가. 그런데 지금은 반드시 바쁘고 지나가고 머물지 못 한다는 것. 잠시도 머물 수 없으니 지금은 영원할 수도 없는 것이다. 언젠가는 과거가 되는 지금. 우리가 지금이라고 말하는 그 순간 이미 그것은 과거일 뿐. 지금은 직접 느낄 수 없고 추상적으로

개념이나 언어로만 존재하는 게 아닐지.

시인은 노년에 이르러 노을 속의 지금에야 자신을 돌아본다. 지금의 연속인 개늑시. 개와 늑대의 시간은 해 질 녘 모든 사물이 붉게 물들고. 언덕 너머로 다가오는 실루엣이 개인지, 나를 해치러 오는 늑대인지 분간할 수 없는 시간을 말하는 것. 프랑스 말 heure entre chien et loup(개와 늑대의 시간)에서 따온 것이다. 개와 늑대를 구분할 수 없는, 낮도 밤도 아닌 모호한 시간의 그 경계. 날이 어둑어둑해지며 사물의 윤곽이 희미해지는 시간을 가리키는 황혼. 이를 줄여 '개늑시'라 하는 것이니. 사는 일이 우는 일이라는 것을 알게 된 지금. 아는 일이 모르는 일보다 많다는 것도 알게 된 바로 지금. 언제나 지금은 깨달음의 연속.

고슴도치

이덕규(19~)

오래된 유적 속에서 한 무더기의
녹슨 창이 발견되었다
어떤 정치가 다급히 쓸어 묻은,
최초로 일어선
민초들의 무장봉기였다고 한다

유월의 서늘한 숲 속
잔뜩 도사린 그의 몸 안쪽에서
풀무질 소리가 난다
우람한 근육질의 사내가 여전히
시뻘겋게 구운 창끝
때리는 망치질 소리 들린다

뜨거운 가슴속
불꽃 피는 대장간에서
날카롭게 벼린 분노가 저렇게

제 살을 뚫고 빼곡히 돋치다니!

나는 오늘
저 빛나는 창을 하나 뽑아
세상에서 가장
아름다운 모순 하나를 찔러 죽이겠네

시인은 여러 편의 고슴도치에 대한 시를 썼다. 그가 쓴 진화 예측론에 대한 시에서. 고슴도치를 보았는데 숲 곳곳에 난무하던 칼들이 그의 등에 다 꽂혀 있었다. 그것은 어디, 저에게 더 꽂을 칼이 없냐는 듯 착한 눈을 끔벅대며 있었다. 그렇게 몸 전체가 칼집이 되어 잔뜩 웅크린 채로 풀벌레소리를 듣고 있었다 했다. 그러다 그것은 어서 그가 죽어야 모두 편안할 것이라고. 간절한 눈빛으로 말하고 어디론가 조용히 돌아서 갔다는데. 시인은 그의 뒷모습에 대고 엄마라고 불러보았다고 하니. 고슴도치도 시인도 모두 보통은 아닌 셈.

둘째 연에서야 고슴도치의 모습이 그려지는데. 유월의 서늘한 숲에서 고슴도치 날카로운 창끝을 온몸에 꽂은 채 근육질 사내처럼 망치질을 하고 있다. 고슴도치는 날카롭게 벼린 분노가 제 살을 뚫고 나온 것. 무엇보다 이 시의 절창은 마지막 연에서 빛난다. 저 빛나는 창을 하나 뽑아 세상에서 가장 아름다운 모순 하나를 찔러 죽이겠다고. 시인의 기막힌 반전이다. 모순이라는 말 있다. 창과 방패의 관계. 무엇이라도 찌를 수 있는 창과 무엇으로도 찌를 수 없는 방패의 견원지간. 그 중심으로 다가선 시인의 기필코 아름다운 모순 하나를 찔러 죽이겠다는 선언. 필시 세상은 이러한 사람들로 하여 큰 변화를 가져오는 것이다.

등

서안나(1958~)

등이 가려울 때가 있다
시원하게 긁고 싶지만 손이 닿지 않는 곳
그곳은 내 몸에서 가장 반대편에 있는 곳
신은 내 몸에 내가 결코 닿을 수 없는 곳을 만드셨다
삶은 종종 그런 것이다,
지척에 두고서도 닿지 못한다
나의 처음과 끝을 한눈으로 보지 못한다
앞모습만 볼 수 있는 두 개의 어두운 눈으로
나의 세상은 재단되었다
손바닥 하나로는 다 쓸어주지 못하는
우주처럼 넓은 내 몸 뒤편엔
입도 없고 팔과 다리도 없는
눈먼 내가 살고 있다
나의 배후에는
나의 정면과 한 번도 마주보지 못하는

내가 살고 있다

인간에게 가장 먼 여행은 머리에서 가슴까지라 했다. 그러면 우리 몸의 일부로 가장 먼 곳은 어디인가. 우리에게 가장 가까우면서 먼 곳. 그곳은 등이라 말할 수 있지. 내 가슴을 감싸고 있는 등은 내 몸의 가장 중심에 있지만 손닿을 수 없이 먼 곳. 내 안에 너무나 많은 내가 있고. 내 안에 나와 다른 나 너무 많이 숨 쉬고 있으니. 내 몸에도 닿을 수 없는 내가 너무나 많은 것. 그러기에 일생을 쉬지 않고 100킬로미터로 달려가도 절대로 닿지 못할 곳. 그건 바로 나의 등이다. 그건 신이 우리에게 준 오지(奧地). 그건 오묘한 삶의 이법과 순리다. 그러니 낙타가 사막 위를 힘겹게 걸어도 다시 우리 속으로 돌아오듯. 그 고행으로 길 위에서 우리들 생을 깨우침이 어떨지.

우리는 이제부터 등을 향해 걸어가 보자. 어느 성자(聖者)가 낮에도 등을 밝혀 들고 걸었다 하는 말. 이를 두고 하는 비유인지. 하루 종일 땅을 딛고 걸어도 다시 현관으로 돌아오는 두 발. 우리는 잘 때야 비로소 바닥에 등을 대고 눕는다. 우리 몸의 제일 높은 곳에 두 개나 있는 눈동자도 그저 앞만

볼 수 있지. 그 일방향으로는 절대 세상을 재단하지 말 것. 그렇듯 우리는 내 몸 안에 수많은 눈먼 나를 키우며 산다.

부메랑

박태현(1948~)

불구의 몸으로 혼자 되돌아오기란
그리 쉽지 않다는 것을 잘 알면서
사람들은 너를 세상 밖으로 내던지고 있다
그래도 돌아올 길만은 찾을 것이라
믿고 던질 것이다
그때마다 뒤틀린 두 팔로 허공의 경계선을 붙잡고
너는 겁에 질려 울음을 터뜨리지만
사람들은 그 소리를 모두 잊고 산다
온전하지 못한 몸으로 태어난 스스로의 서러움보다
더 뒤틀린 세상의 눈에
울부짖는 소리
멀리 던질수록 더욱더
들먹이는 소리도 들렸을 것이다
수많은 네가 세상 밖으로

오늘도 저렇게 내던져지고 있다
누구나 운다는 것은
끝내 온몸으로 말하는 것이라는 걸 알면서

말발굽처럼 굽은 플라스틱을 들어 허공 속으로 던지면 그것은 공중을 한 바퀴 휘돌아 던진 사람에게 다시 돌아온다. 결자해지라고나 해야 할지. 타고난 몸의 일부가 지닌 반향으로 인해 스스로는 절대 자신을 벗어나지 못한다. 그렇듯이 우리 일생 자신이 한 일을 스스로 감내해야 할 때면 부메랑이 되어 돌아온다고 하는데. 그렇다. 놀음 좋아하는 부모에게 태어난 자식도 놀음에 취하고. 요즈음 정치인들 하는 걸 보면 꼭 그게 부메랑 되어 돌아올 듯한데. 그걸 알면서도 우리는 부메랑을 날린다. 우리의 귀에는 쉬지 않고 윙윙대는 부메랑 소리 들린다. 바람을 가르며 제 안의 울음을 펴 올리는 고통의 몸짓. 그렇게 해서야 그는 다시 던져진 곳으로 돌아온다.

그렇다. 어쩌면 우리는 매일 하나의 부메랑이 되어 사는지 모른다. 아침에 떠나 멀리 나아가도 결국 떠났던 집으로 돌아오고야 마는 우리. 그렇게 우리는 매일 돌아오기 위해 떠나는 것. 그래도 그건 단지 떠남과 돌아옴의 단순 반복은 아니다.

떠남이야말로 진실로 돌아오기 위한 길이니. 우리 어찌 떠나지 않고 돌아올 수 있으랴. 그러니 우리는 다시 끊임없이 떠나고 또 떠나야 한다. 더 멀리 떠날수록 더 깊이 돌아올 수 있는 법. 그렇지만 그대는 언제나 귀 기울여 주변을 살펴야 한다. 누군가 운다는 것은 끝내 그가 온몸으로 무언가를 말하는 것이기 때문.

스마일마스크증후군
—봉제인형

김지숙(1986~)

누군가 내 귀를 쓰레기통에 버렸어
귀가 없는 나는 비명도 지르지 못하고
웃는 얼굴이지
정교하게 웃는 나를 보면
당신도 웃음을 터뜨릴지 몰라
웃음 주의보는 도시를 떠다니고

어제 핀 웃음이 오늘로 복제 됐어
스마일 스마일 킥킥
나는 다정한 도시에서 춤추네
팽팽한 입 꼬리 흔들리며 웃네

당신 숨은 어젯밤 달처럼 시들었어
짜릿한 도주를 시작해
벌어진 상처는 테이프로 붙이고
오늘은 탱탱하거나 말랑말랑하거나

벼랑에 핀 웃음꽃은 바람에 예민하지
우울과 발랄은 새아침을 조율해
불안 온도에 어울리는 음을 골라봐
기쁨과 슬픔의 경계는
바람에 맞춰 피우는 경쾌한 디스코

너의 지구는 기울어
비탈진 어깨에 기대 우린 우호적으로 만나
웃는 얼굴로 진화하는 너에게 말 걸지
눈물 자국 감추려 화장을 하고
무대 위에서 벌이는 웃음, 고정된 웃음들

당신이 무심코 지나친 아침
바람 빠진 해 머리 위에 떠오르고
어제보다 긴 그림자 나를 따라오네

스마일마스크증후군이란 속마음 언짢고 괴로워도 얼굴에 언제나 미소를 띠어야 하는 상황. 그것이 지속되며 겪는 여러

가지 병적인 심리 상태. 이로 인해 식욕 부진, 가슴 두근거림, 피로감, 불면증 따위 증세가 이어진다. 현대인들이 겪는 심리 불안의 이중적 상태로 웃픈 현실은 이를 두고 하는 말. 그 심리를 시로 드러내기 위해서는 어찌해야 할까. 귀가 없는 우리 비명도 지르지 못해 웃는 얼굴이다. 그 내면을 가리기 위해 이 시는 리듬을 탄다. 과도한 리듬으로 내면의 심리를 위장하고 있지. 스마일 스마일 킥킥. 오늘은 탱탱하거나 말랑말랑하거나 무대 위에서 벌이는 웃음. 고정된 웃음들. 우리가 무심코 지나친 아침 떠오른 해도 바람 빠지고 깡마른 그림자 어제보다 더 길어진다.

이 시의 상상력을 끌고 가는 그 중심엔 리듬이 있다. 가면을 쓰고 살아가는 현대인의 고립된 자아를 그리기 위해. 시인은 불안 온도에 어울리는 음을 골라보라며 주문한다. 소외와 고독과 공허, 그리고 절박함을 읽어낼 수 있지. 또한 현대인의 정서적 흐름을 잘 느낄 수 있다. 무대로 표상되는 현실 삶 속에 벌어지는 웃음판. 고정된 웃음들로 가득한 모습도 느낄 수 있지. 이는 익명으로 살아가는 현대인의 모습인 것. 삶의 세계에 흩어지는 부조리한 면들이 드러나 있다. 시인은 파편화된 우리 삶의 내부로 깊이 파고 들어가 스텝을 밟는다. 웃픈 얼굴로 그 세계를 노래한다.

복도

변선우(1993~)

나는 기나긴 몸짓이다 홍건하게 엎질러져 있고 그렇담 액체인걸까 어딘가로 흐르고 있고 흐른다는 건 결국인 걸까 힘을 다해 펼쳐져 있다 그렇담 일기인 걸까 저 두 발은 두 눈을 써내려가는 걸까 드러낼 자신이 없고 드러낼 문장이 없다 나는 손이 있었다면 총을 쏘아보았을 것이다 짱! 하는 소리와 살아나는 사람들, 나는 기뻐할 수 있을까 그렇담 사람인 걸까 질투는 씹어 삼키는 걸까 살아있는 건 나밖에 없다고 고래고래 소리 지르는 걸까 고래가 나를 건너간다 고래의 두 발은 내 아래에서 자유롭다 나의 이야기가 아니다 고래의 이야기는 시작도 안 했으며 채식을 시작한 고래가 있다 저 끝에 과수원이 있다 고래는 풀밭에 매달려 나를 읽어내린다 나의 미래는 거기에 적혀있을까 나의 몸이 다시 시작되고 잘려지고 이어지는데 과일들은 입을 지우지 않는다 고래의 고향이 싱싱해지는 신호인 걸까 멀어지는 장면에서 검정이 튀어 오른다 내가 저걸 건너간다면… 복도의 이야기가 아니다 길을 사이에 두고 무수한 과일이 열리고 있다 그 안에 무수한 손잡이

이 시는 2018년 ≪동아일보≫ 신춘문예 당선작. 낯선 감각과 새로운 언어. 신인들이 눈여겨 볼만하다. 본심의 작품은 대체로 일정 수준 이상 성취를 보였다고. 시적 발상에서 독특함과 힘을 보여주나 상식적 진술과 지나치게 평이한 문장이 눈에 띄어 아쉬웠다고. 작품 수준 편차도 최종 결정을 유보하게 하였다고. 시적 묘사의 힘을 보여주는 작품도 전반부와 달리 후반부에 문장의 탄성이 떨어져 다른 작품이 이를 만회할 신뢰감 주지 못했다고. 또 다른 작품은 고른 수준으로 비유가 참신하고 소재를 시적으로 묘사하는 역량 돋보이나, 다소 지나치게 설명적 문장이 눈에 띄어 조금 덜 친절했으면 하는 아쉬움 남겼다고. 이런 점을 검토해 '복도'를 당선작으로 결정했다는 심사평.

우선 응모한 작품이 고른 수준을 유지해 시적 역량에 신뢰감을 주었다고. '복도'는 소재를 다층적 은유에 의해 능란하

게 확장하여 흥미로운 시적 사유 전개를 보여줬다며. 심사위원은 시가 감상에 지나치게 의존하며 과장으로 치닫거나 지적 퍼즐로 스스로를 축소시키는 현상이 빈번한 이즈음 소재를 집요하게 응시하는 힘과 다층적 사유를 전개하는 역량을 지닌 신인에게 주목했단다. 출발의 즐거움과 불쾌하지 않은 부담감을 함께 안겨주는 게 제법 그럴듯한 결론이라는 마무리.

보라. 이 시에 펼쳐지는 다층적 은유에 의한 소재의 확장과 흥미로운 시적 사유와 전개를. 복도를 통한 다층적 상상력의 전개가 한 마리 고래가 되어 펄떡이며 그대에게 달려들지 않는가. 이 시는 굳이 이해하려 들지 말고 돌출하는 이미지의 파도를 따라가며 서핑을 즐겼으면, 역동적인 언어의 군무와 상상력을 즐겨야 할 것.

플랜 B

이현승(1973~)

건물주가 되고 싶은 게 그렇게 잘못인가요?
꿈도 없는 게 더 문제라면서요?
이런 건 꿈도 안 되나요?
인생에는 공짜가 없다거나
실패가 없으면 배우는 것도 없다는 식의
충고라면 사양하고 싶어요.
충고가 고충이에요.
건물주의 인생은 뭐 쉬울 것 같냐고 하시지만
고층 빌딩이어도 좋으니 건물주가 되고 싶어요.
요즘 애들 진짜 문제라지만
진짜 문제를 갖고 싶어요.
내 문제, 나만의 문제, 진짜 진짜 내 문제.
그도 아니면 요즘 애들이라도 되어 보고 싶어요.
문젯거리라도 좋으니
우선 존재는 하고 싶어요.
빚 없는 거지 같은 거 말고요,

빛이라도 좋으니 있어야 할 이유가 있는 거요.
존재하는 게 뭐냐고요?

간밤에 폭설이 내렸는데
빈 나뭇가지 위에 눈이 높게 쌓여 있었어요.
그토록 가느다란 가지 위에도 높게 눈이 쌓일 수 있다니

플랜 A보다도 플랜 B가 더 중요한 단계일 때가 많다. 그게 플랜 B의 역할이자 임무일지도. 자, 그대에게 임무를 부과한다. 적군 속으로 잠입하여 적장의 목을 베라. 그렇게 하다 임무를 완수하지 못하고, 체포될 상황이 되면 스스로 자폭하라. 건물주가 되고 싶은 것, 그게 이루어지지 않을지라도 가져보는 꿈. 플랜 B는 차선책이라 할지. 시인에게는 꿈도 없는 게 더 문제라 했다. 실패가 없으면 배우는 것도 없다는 식의 충고가 더 고충이라고 한다. 오히려 자신만의 진짜 문제를 갖고 싶다고. 진짜 진짜 나만의 문제를 갖고 싶다고. 그래서 문제 많은 요즘 애들이라도 되어보고 싶다고.

시인은 존재에 대해 고민하는지. 우선은 존재하고 싶다고.

빚 없는 거지보다 빚 많은 존재 이유가 되고 싶다고. 큰 짐을 지고 휘청거리더라도 이 세상에 있어야 할 이유가 되고 싶다는데. 존재하는 게 뭐냐고요? 되묻는다. 간밤에는 폭설이 내렸고, 빈 나뭇가지 위에도 눈이 높게 쌓여 있는데. 경이로운 것은 그토록 잔가지 위에 소복이 눈이 쌓일 수 있다는 사실. 시인은 존재하는 이유라도 되고 싶다. 우리 생은 플랜 A나 B를 떠나 플랜이라도 있었으면 좋은 것처럼. 간밤 퍼부은 폭설이 가느다란 나뭇가지 위에 높게 쌓인 아침. 그 가파른 눈 위에 쌓인 희망처럼.

네가 떠난 자리에 네가 있다

정우석(1987~)

네가 두고 간 옷가지들은 왜 이리 뒤척이는가 무슨 할 말이라도 있는지 쉴 새 없이 뻐끔거리는 입들 담아야 할 것과 담지 말아야 할 팔과 다리가 끊임없이 채워지고 다시 빠져나간다 다가오지 않은 채 멀리서 지켜보고 있을 널 위해 대문을 활짝 열어두면 벌컥 쏟아지는 소란한 무게들 지금은 물 아닌 것들을 끌어당기는 시간 바닥을 모두 메우고 남은 흙더미들이 구석에 웅크리고 있다 메워도 메워지지 않을 틈새 쌓아도 쌓이지 않는

언제까지 바닥을 꿈꾸려 하나 보이지 않는 벽에 가로막히기라도 한 듯 밀려갔다 밀려오는 계절들 누구를 향한 손짓으로 어둠을 끌어안은 채 널브러져 있는지 네게로 닿은 문이 완강하게 닫혀 있다 멈춰 선 발밑이 딱딱하게 굳어 있고 당황한 하루가 신입新入처럼 머뭇거린다 너를 기다리는 사이 싸늘한

바닥이 피곤한 듯 들썩거린다 무뚝뚝한 어둠 위에
새카맣게 눌어붙은 기억들이 줄지어 박혀 있다 네
가 떠난 자리에 네가 가득 차 있다

시의 언어는 역설의 언어라 정의내릴 수 있다. 시를 쓰는 그 출발은 언제나 일상으로 비롯하나 언제나 그것을 초월해야한다는 전제 아래 그렇다. 그런즉, 신비평가들은 역설과 아이러니야말로 좋은 시의 비법이라 간파한 바 있다. 반어법이란 표면의 의미와 이면적 의미에서 오는 간극. 표현과 의미 사이의 미적거리에서 얻는 효과로 역설적인 모순의 진리를 간파하는 것. 여기 신인의 작품 속에도 그러한 기법이 하나의 시적 구상으로 자리 잡고 있다. 왜 네가 떠난 자리에 네가 그대로 있고. 또 네가 떠난 자리가 너로 인해 가득 차오르는가. 그것은 생을 반성적으로 바라보는 시선으로 다가오는 안목일 것이다.

이 세상의 사물은 모두 너와 연결될 때가 있다. 네가 나에게 다가와 내게 손을 내미는 순간. 그때 이 세상의 모든 것들은 바로 너, 너다. 너로 하여 이 아침 새소리도 더 반짝이고. 너로 하여 햇빛도 창가에 와 닿는다. 모든 것이 너의 눈망울 속으로 눈부시다. 모든 건 너에게 가닿고 그것은 다시 너로 하여 새롭게 열린다. 그러나 그것들도 모두 한 때일 뿐. 언젠가는 너를 떠나보내야 한다. 그리고 그건 전적으로 너의 판단일 때가 많다. 어느 순간 네가 떠나고, 너 떠난 자리 단지 빈자리만 가득 찰 때. 비로소 우리는 이 세상에 눈을 뜨는 것일지 모른다. 그건 눈을 감아도 보이고, 눈을 감을수록 더 깊이 열리는 어둠이다. 너는 이미 떠났는데 왜 난 아직도 그 자리를 서성대고 있는가. 네가 떠난 자리에 비로소 네가 가득 차 있기 때문이다.

가야바의 뜰

이제부터는 너희를 친구라 하였으니 (요 15:15)

박일우(1957~)

육체와 정신이 대면하는
가야바의 뜰은
무릎 꿇은 하늘이
조아린 지평선

보고 싶다는 말은
하지 말게 베드로
떠난다는 말은
하지도 말게 요한

우리가 언제
둘이었던 적
있었던가

말로만 만난 적 없으니
손바닥으로만 스친 적 없으니

헤어지고야 만나는
슬픈 지상의 길
발바닥 지고 오르는

가야바의 뒤뜰에는
닭 울음도 서성인다

예수님이 만찬을 마치고 감람산으로 자리를 옮기시어 세 번 기도를 드리고. 체포되어 가야바의 집으로 끌려온다. 가야바의 안뜰에서는 예수님이 심문을 받고 바깥뜰에서는 베드로가 곁불을 쬐고 있다. 베드로에게는 엄청난 두려움이 밀려와 있었다. 안뜰에서 대제사장 가야바와 서기관들이 예수님을 혹독하게 심문하고 있었다. 또 그들은 거짓 증언할 증인을 내세워 예수님을 사형으로 몰고 가려고 결탁하였다. 그리고 베드로는 불려 나가 예수를 세 번이나 부인한다. 첫 번째 모른다고 부인하고 두 번째는 맹세하며 부인하고 세 번째로 저주하며 부인했다. 그러자 닭이 울기 시작하였다. 닭 울음소리는 잠든 영혼을 깨우려는 소리.

기독교시란 어떤 것일까. 호교적 관점에서 기독교를 알리고 전파하려는 것은 미학적 측면에서는 부족하다. 칸트가 말한 무목적의 목적성에서 그러하다. 그렇다고 기독교적 관점을 벗어나 문학적 성과나 미사여구, 미적 의장만 강조하면 그것도 기독교 문학은 아닐 것. 이 시가 암시하는 바, 하나님을 따르는 것은 인간의 용기로는 안 되고 하나님의 은혜로만 가능한 것이니. 그만큼 인간은 비겁한 면이 있다고 하겠으니. 예수님이 죽음으로 몰리는 그 긴박한 국면을 통해서 육체와 정신이 대면하는 순간의 벽을 넘어서야 한다는 것이다.

이팝꽃나무 외 1편

송준영(1947~)

새 날아와

새날이 가면
이팝꽃나무도 나도

나는 새 그림자이어요

한빛

허공에 원을 긋지 말라 원 밖에
원이 있고 원 안에 원 있다
그으면 사라지나니 一色의 소식은
무엇인가?

창밖 젊은이 한 쌍 이팝꽃 마주
보며 햇살웃음 퍼뜨리고 있다

시인은 선시의 대가로 알려지고 만해문학상을 수상한 바 있다. 시인 스스로 출가해 체득한 불가의 깊이와 아방가르드적 예술의 전위가 통합을 이뤄낸 성과다. 시적 표현은 전변하는 존재 내면의 소리를 언어로 나타내는 표현상이니. 사상적 진리나 종교적 깨달음도 언어를 통하지 않고 그 표현이나 전달은 불가능하다. 따라서 최고 진리 발견의 수단으로 언어는 필연적 수단이다. 시는 적절한 그 표현방법으로 선택된다. 선적 깨달음도 예외는 아니다. 선 수행도 결국 최고 진리의 발견을 통해 타자들과 발견의 기쁨을 공유하는 표현의 목적성을 지닌다. 이런 점은 현대시의 표현 형태가 선적 깨달음에 의한 선시의 특성을 내포하는 데서 그렇다.

선적 구도는 시적 특성의 정수인 표현으로, 절연성, 간결성, 명징성, 초월성, 당체성, 무한성 등을 긴요하게 나타내려 한다. 선적 깨달음의 표현에 요구되는 제반 특성, 즉 단순, 청량, 명징, 무사, 본질성 등은 현대시가 추구하는 최고의 표현성과 맥락이 같다. 선의 세계를 노래한 선시와 실험적 현대시는 모두 '무형식의 형식'이라는 파격적 특성을 갖느니. 이것은 변화하는 세계를 상투적 관념과 정상화된 언어로 접근하여 본질에 닿을 수 없기 때문. 선시와 현대시 모두 궁극의 목적을 일깨우기 위해 언어로 매개를 삼는다고 시인은 설명한다.

이 시의 미적 가치는 열려 있는 구도. 시적 인식은 직관적이며 존재론적인 통찰이 돋보인다. 독자에게 언어와 상상력의 순발력을 요구한다. 독자의 마음에 이는 반향을 따라 자유자재로 이해하고 감상하는 여유가 중심이니. 이 시는 느끼려하되 너무 의미에 얽매이지는 말 것.

키스

이용임(1976~)

이 나무의 옹이를 오래 쓰다듬었다
구부려 꺾인 자리 바람 무늬가 휼진
길 쪽으로 눈발 섞인 바람이 불어왔다
내 몸에도 너처럼 추운 겨울이 있어
소용돌이치는 바람이 관절 구석구석을 헤매다
빠져나가지 못하고 제 머리를 들이받아 죽은 자리
내 몸의 가장 변방에 있는 열 개의 무덤
죽은 자의 입을 벌리고 부어준 쌀알처럼
밤마다 예민한 비명이 흘러나오는 곳
통풍을 앓고 있는 부위는 길고 야위었다
붉게 부풀어 기형이 된 결절들이
단단한 옹이 위에서 가늘게 떨었다
흰 재에 덮여 마지막 빛을 던지고 태양이 사그라졌다
자욱한 어둠이 산 위에서 흘러 내려왔다

덥고 축축한 네 안으로 내 몸의 모든 통점을 옮기고 싶었다
아니라면
눈꺼풀 속까지 쳐들어온 어둠 속에서
끼이걱.
생비린내를 풍기며 거대한 오른쪽 날개가 펼쳐지기를

진정한 키스는 나무의 옹이를 오래 쓰다듬듯이 그대의 가장 아픈 곳을 보듬어 안는 것. 나무에 새겨진 옹이는 구부려 꺾인 자리 바람 무늬가 흉진 곳이다. 눈발 섞인 바람, 소용돌이치는 바람이 관절 구석구석을 헤매며 제 머리를 치받다가 죽은 자리. 그 바람 들어 통풍을 앓고 있는 부위는 언제나 길고 야위어 있다. 우리도 나무들의 그것처럼 추운 겨울이 있어 진정 싸늘한 곳으로 물길은 찾아서 흘러가는 것. 그러기에 지상에 첫 길은 물이 흘러간 곳이다. 그리고 그것이 더 이상 발견되지 않을 때 사람들은 비로소 길을 내기 시작한 것이니. 그게 키스의 이치이다.

덥고 축축한 네 안으로 내 몸의 모든 통점을 옮기고 싶었다

니. 이 한 구절에 시의 주제는 솟구치고 이 시의 제목 '키스'는 깊고 뜨겁게 닿아 있다. 그러므로 키스란 내면의 가장 깊은 통점과 통점이 절절하게 닿는 것. 그렇게 감미로운 그대의 혀와 닿는 곳이 이 지상에서 네게 가장 슬픈 시간의 흔적 새겨진 곳이다. 겨울의 끝이 곧 봄이듯 봄의 입구에 난 균열의 상처. 그래서 꽃들은 모두 붉은 것이고. 꽃이 붉은 것은 상처이기 때문이다. 그렇게 꽃은 피는 것이니 꽃은 곧 피다. 그러므로 키스는 우리 몸속으로 붉게 부풀어 기형이 된 결절. 눈꺼풀 속까지 쳐들어온 어둠을 이기고 오른쪽 날개를 펼치려는 것이다.

사라졌던 길들이 붕장어 떼 되어 몰려온다

이중도(1970~)

오천축국의 법에는 목에 칼을 씌우거나 몽둥이로 때리거나 감옥에 가두는 형벌이 없다 죄를 지은 자에게는 죄의 가볍고 무거움에 따라 벌금을 내게 하지 죽이지 않는다 국왕으로부터 서민에 이르기까지 매를 날리고 사냥개를 달리게 하는 것을 보지 못했다 길에 비록 도적이 많긴 하지만 물건만 빼앗고 곧 놓아준다*

혜초가 밟은 오천축국의 길, 도반道伴이 되어 장안까지 따라갔을 것이다

밀교의 경전 문을 열고 들어가 시커먼 문자들과 펄 장난하며 놀다가

문자들이 잠든 깊은 밤이면 슬그머니 나와 고승의 다반茶盤 곁에 앉곤 했을 것이다

어디에 있을까, 내가 사랑한 길들은
커다란 박 쪼개어 타고 뱃놀이하는 장자처럼
눈부신 유리 조각 번쩍이는 바다 가로질러 농어 새끼 쫓아다니던 길
하늘을 담아 숙성시키는 빈 술독 되어 터벅터벅 걸어 다니던 산길
쓸모의 내장 모두 되새김질하여 잘게 부숴버린 게으른 황소 되어
주전자 뚜껑에 농주 부어 마시며 돌아다니던 논둑길……

두툼한 밤나무 밑동을 돌아가는 싱싱한 가을 독사처럼
내 혈관을 흘러 다니던 길들이 생각나 홀로 걸어 보는 옛 오솔길

푸른 내 몸속을 흘러 다니다가
환한 그리움 따라 너에게로 갔던 길들은 또 어디에 있을까

네 가슴에서 자라 훤칠한 장송들이 되어 있을까

지금처럼 눅눅하게 끓는 여름 오후에는 너에게
선선한 그늘이 되어주기도 할까
그 그늘 아래 눈 감고 앉아 매미 소리 요란한 톱
질로 몇 그루 잘라
뗏목 엮어 마음의 연안에 띄워보기도 할까

아! 사라졌던 길들이 붕장어 떼 되어 몰려온다

* 혜초, 『왕오천축국전』 중에서

통영에 가면 그 큰 바다를 통째로 안고 그것을 홀로 지키며 밤새워 시를 쓰는 시인이 있으니. 그렇게 시인이 밤을 새워 시를 쓰다 보면 바닷속의 모든 생명체도 다 그와 함께 혼연일체가 되는 법이겠다. 시인은 밤바다에 나가 하늘의 별을 홀로 호명하기도 하고. 새벽녘 동터 오는 바닷가에서 시인의 호연지기로 바다를 크게 호령하기도 한다. 그때 바다는 잠잠한 숙면의 고요를 딛고 힘찬 파도 소리로 되살아나곤 한다. 그에게 바다는 곧 길이요 생명이요 살아있는 실체이다. 그러니 그가 쓰는 시어는 바다를 잉크삼아 써내는 살아있는 경전인 셈. 하여 그는 혜초의 길을 따라나서 혜초의 도반이 되어 장안까지도 갔을 것이다. 우리 모두의 삶이란 곧 길을 찾아 나서는 길 위의 길이 아닌가.

최근에는 통영을 흑백사진 속에 담아 파도 소리 바람 소리 함께 횟감 냄새 풀풀 나는 풍경으로 전해오는데. 그 한편에는 언제나 짧지만 긴 감동을 촌철살인으로 실어 날린다. 돌아보니 그의 바다 어디도 모든 것은 길이고 또 어디에도 길은 없다. 하여 그는 언제나 길과 함께 더불어 길을 간다. 농어새끼 쫓아다니던 길, 터벅터벅 걸어 다니던 산길, 돌아다니던 논두길. 홀로 걸어보는 옛 오솔길, 그리움 따라 너에게로 갔던 길. 그러니 길은 어디에 있을까. 잠시 헤매다 보니 아! 사라졌던 길들이 다 붕장어 떼가 되어 몰려온다. 바다 앞에 서면 그에게는 잠시 사라졌던 길들이 모두 시가 되어 살아나는 것이다.

나무꾼의 선녀를 내려놓으리

성배순(1963~)

한 나무꾼을 만나 30년을 살았네.
어제의 일들이 한낱 꿈이기를
날개옷 아닌 행주치마를 두르고
뜨거운 감자알 앞에 앉아
물어 보고, 또 물어 보았네.

생각해 보면 산짐승도, 풀도, 꽃도
한통속이 되어 나를 속였구나.
아이들 하나, 둘, 셋이 생기고
늦은 밤 연습해 보는 날갯짓으로는
밤하늘을 날 수가 없었네.

머리에 쓴 수건 벗어던지고
행구치마도 풀어 버리고
두 아이 양쪽 겨드랑이에 끼고
막내는 가랑이 사이에 끼고

오르자 힘껏 날아오르자.
옥황상제가 있는 나의 집을 향해.

새벽에나 겨우 눈을 뜬 수탉
지붕의 꼭대기에 올라
목 찢어지게 울어도
절대로 지상은 돌아보지 말아야지.
나무꾼을 위해서는 두 번 다시
지상에 내려오지 말아야지.
나는 옥황상제의 선녀였나니!

이 시는 동화적 발상과 풍자에 기대어 있다. 전래동화가 있었지. 하늘에서 내려와 계곡에 목욕하는 선녀들을 훔쳐본 사내. 몰래 다가가 선녀의 날개옷 하나 감추고, 하늘로 오르지 못한 선녀를 집으로 데리고 와 함께 살았다. 절대로 아들 셋을 낳을 때까지 날개옷은 내주지 말라는 금기. 어느날 사내는 두 아들 얻고 하늘을 너무 그리워하는 선녀에게 그만 날개옷 보여주고 마는데. 그만큼 사내는 선녀를 사랑했던 것인데. 그 순간 선녀는 날개옷 입고 두 아들 양쪽 겨드랑이에 하나씩 낀 채 하늘로 올라가 버리고 말았으니. 그녀 이 지상으로 다시는 내려오지 않았다. 당연하겠지. 시집살이 고생으로 얼룩진 이 세상이 뭐 그리 좋았겠는가.

시인은 전래동화를 차용해 시를 썼으니. 그건 창작의 패러디 기법이라 하겠지. 지금 시인의 삶은 좀 무료하고 무의미한 듯. 누구나 조금은 구속에 갇혀 사는 것이니. 그 낌새를 눈치 챈 듯 남편은 잠시 빨래 널고자 올라간 옥상의 자신을 찾지 못해 여기저기 전화를 돌리고. 시댁식구들 몰려와 며느리를 환영한다. 이건 필시 과장이겠으니. 며느리 드디어 결심한다. 아들이 셋이라도 양쪽 겨드랑이에 하나씩 끼고 막내는 가랑이 사이에 끼고서라도 하늘로 올라가겠다고. 나는 천상의 옥황상제 선녀였으니. 이제 절대로 나무꾼에게 두 번 다시는 속지 않겠다고.

적당한 거리

김미정

우리, 하얀 밤으로 가요
욕망을 못 알아보는 하얀 밤으로요
해 뜨기 전 모든 어둠을 다 마셔버리는

그는 뭐든 적당히 잘하죠
굿과 쿨 사이 적당히 오가며
화단과 가로등 불빛을 적당히 잘 다루죠
적당한 게 늘 좋아
가깝지도 멀지도 않은 거리 적당히 바람은 불고
그녀는 적당하지 않은 여자에요
적당한 그 누군가 되는 건 슬픈 일이죠
적당보다 그 이상을 꿈꾸는 꽃들이 피어나는데
그와 그녀가 같이 숲 속을 걷는 건
마음에 들어와 나가지 않는 것이에요
작은 풀꽃이 되어 꼼짝 못하는 게 창가의 풍경인
가요

그림자는 욕망의 바퀴로 굴러가고
멀어지며 작아지는 건 늘 그녀였지요

영혼을 가진다는 것은 비밀을 만드는 거라고
마음이 오늘을 배신하는 거리를 지나
순간만이 우리를 알아봐요

적당한 것만큼 훌륭한 게 또 이 세상 어디에 있는가. 그만큼 모든 것을 적당히 잘 하기란 쉽지 않은 것이니. 절대로 선을 넘지 않는 것. 한쪽으로 기울지 않아 넘치거나 부족하지 않고 딱 알맞은 만큼의 그것. 너와 내가 그리고 우리가. 하늘과 땅과 그리고 바다와 육지가. 그런데 적당하다는 것은 무엇을 의미하는가. 그것을 일러 우리는 중용(中庸)이라 해야 옳을지. 지나치거나 모자라지 않고 한편으로 치우치지 않으며 떳떳하고 변함이 없는 상태. 시인은 그것을 다만 거리로 환산하여 가깝지도 멀지도 않은 거리라 했다.

그러나 어느 말에도 객관적인 의미를 넘어 이중적 의미가 따라 붙는 것. 언어에는 자로 잴 수 없는 모호함 있고, 말에는 공백과 빈틈이 있으니. 적당히 라는 말도 그렇다. 그런 즉 모든 말에는 늘 긴장이 필요한 법. 그건 적당히 대해도 된다는 뜻이 절대 아닌데. 그래서 그녀는 절대 적당한 여자가 아니다. 적당한 누군가 되는 일은 매우 슬픈 일이기 때문. 꽃들은 적당보다 그 이상을 꿈꾸며 피어나는 것이다. 아름다움이나 기쁨, 축복이야 적당할 필요가 있을까. 그게 적당으로 가능할까. 적당은 적당을 낳고 적당은 모든 것을 적당히 만들 수도 있으니. 그래서 영혼을 갖는다는 것은 비밀을 만드는 거라고. 그건 절대 적당을 넘어서는 일이라고 했다.

상선약수

윤 효(1956~)

물을 보면 떠오르는
그 말
상선약수上善若水,
최상의 선은 물과 같은 것이다.

나무는
그 물이 흙과 빛으로
가장 순하게 빚은
생명.

그래서
그 말은
상선약수上善若樹,
최상의 선은 나무와 같은 것이다.

시란 도를 담는 그릇으로 삼을 수 있을지. 공자 선생이 論語(논어) 爲政篇(위정편)에서 이르기를 "子曰 詩三百 一言以蔽之 思無邪"라 했다. 詩經(시경)에 실린 삼백편의 시는 한마디로 말해 나타낸 생각에 사악함이 없다는 것. 그건 딱히 도덕적 기준을 의미하는 것은 아니지만. 칸트가 말한 미학의 무목적의 목적성이라는 말과 크게 다른 것은 아니다. 다만 시가 인지적 충격을 주어야 한다는 입장에서 이 시는 성공작이라 할 수 있다. 깨달음은 우리에게 큰 감동을 주는 미적 가치를 내포하고 있다.

동음이의어를 바탕으로 이 시는 철학적 사유를 압축시켜 놓았다. 관념이나 개념은 시의 질료이기는 하되, 그 자체로 시가 되지는 않는다. 하여 시적 기법을 통해 관념에 옷을 입혀 감동으로 옮겨가야 한다. 노자의 『도덕경道德經』 8장에 나오는 上善若水(상선약수). 최고의 선은 물과 같은 것이라고. 이 말을 모르는 이 없을 것인데. 그러나 시인은 상선약수上善若樹(상선약수)라는 말을 새로운 맥락으로 제시해 그 의미를 확장하고 강조하였다. 물은 또 處弱不爭(처약부쟁)이라 한다. 스스로 낮게 자리하여 다투지 않는다는 것. 주어진 상황에 깊이 다가서 거기에 스스로 동화되어 전체를 살리는 힘. 물만큼 총체성을 갖고 있는 사물이 있을까. 한 박자 더 나가서 시인은 上善若樹(상선약수)라 하여 최상의 선은 나무와 같다고 하였다.

편강

김나원(1964~)

생강을 벗기며 생각을 벗긴다

울퉁불퉁한 껍질은 생각 때문
생강을 생각할 때마다 두꺼워지는 얼굴
연회에 어울리는지 매무새는 단정한지
손과 발은 어떻게 보는지

잡념을 벗기니 매끈해진 생각

안으로 다 삭이지 못한
모난
이중적인
생각 생각 생강
싹둑싹둑 하나로 두는 거야

얇을수록 좋은 생강

뜨거운 물에 데쳐도 너는 너
톡 쏘는 너를 감추어 봐
하얀 옷은 춤을 추는 거지

뭉치지 않는 생각
번식하는 심장을 멈추게 하는 거야

시의 묘미를 재미로만 한정하는 건 바람직하지 않겠지만, 시의 재미가 감동을 강화한다는 건 자명한 이치다. 그러나 지당한 말씀만 가지고는 절대 시가 되지 않는다는 것. 그것이 문학적 완성도를 성취하여 미적 감동으로 이어지는 순간, 그 기쁨이 절대적으로 필요한 것. 그것 또한 이 시처럼 '생각'의 바탕에서 출발하는 것일 터이다. 즉물적 상상력이라 했다. 사물을 보고 그것이 지배하는 이미지의 곡선을 따라 전개해 가는 시적 상상력. 가스통 바슐라르는 그 상상력의 바탕에 네 개의 물질이 존재한다고 했다.

시의 구상은 단어의 관심으로 출발하기도 한다. 생강과 생각, 생각과 생강. 편강이라는 단어로부터. 그로부터 이 시의 첫행, 생강을 벗기며 생각을 벗긴다는 데서 출발한다.

그렇게 이 시는 첫 행에서 모든 점수를 따고 들어가는지 모른다. 단어가 주는 소리와 의미 그리고 비슷한 단어의 연계. 생강과 생각은 이중적인 것이라 생각한다. '생'자의 동일성과 '가'의 동일성이 'ㅇ'과 'ㄱ'의 차이에 의해 나타나는 의미의 간극. 소리와 의미의 거리. 시에서 모든 소리는 이미지와 의미로 통하는 법이니. 그렇게 종합적으로 사고하는 창작의 과정. 모든 시는 이렇게 씌어지는 것이니. 그런 의미에서 이 시는 메타시에 가깝다.

바다란 이름으로

안학수(1954~)

스티로폼, 깡통, 물병들도
갯바위처럼 소라나팔처럼

사금파리, 유리조각, 종이그릇도
조가비처럼 불가사리처럼

비닐종지, 뜯긴 그물, 엉킨 낚싯줄도
미역처럼 톳, 말, 감태처럼

신발 한 짝, 쇳조각, 타이어조각도
키조개껍질처럼 홍합 뭉치처럼

버려진 고깃배도 녹스는 닻 하나도
외딴 염처럼 험한 여처럼

파도들이 맞아주어 밤마다 별이 되고

갯바람이 품어주어 날마다 구름 짓고
잔물결이 띄어주어 반달배로 나아간다.

개불 쏙 고둥 방게 해초들도, 모두를
이웃으로 들이고 더불어 살아간다.

누구든 무엇이든
다 받아준다고 바다라 부르나보다.

* 염 : 바윗돌로 된 작은 섬.
* 여 : 물속에 잠겨 있는 바위.

서해에 사는 시인은 바닷가를 배경으로 즐겨 시를 쓰고 있다. 이 시의 마음은 바다의 마음으로 시작된다. 철 지난 바닷가를 가보라. 한여름 사람들이 놀러 와 먹고 마시다 남기고 간 쓰레기로 몸살 앓고 있다. 스티로폼, 깡통, 물병, 사금파리, 유리 조각, 종이 그릇, 비닐봉지, 그물, 낚싯줄, 신발, 쇳조각, 타이어 조각, 버려진 고깃배, 녹슨 닻. 이렇듯 백사장에 뒹굴다 파도에 이리저리 밀리며 널브러진 모습. 그것은 곧 바다의 생명을 옥죄는 듯해서 매우 안타깝다. 그런 점에 이 시는 생태동시라고 할 수 있다.

그런데 그 바다가 가진 생명의 복원력은 모든 것을 품어 안는 힘. 그것을 시인은 이름에서 착안하였다. 위에 열거한 쓰레기들도 밤마다 별이 되게 하는 파도. 모든 것을 품어 구름을 만드는 갯바람. 반달배로 띄어주는 잔물결. 그것을 이웃으로 받아들여 더불어 살아가는 개불 쑥 고둥 방게 해초들. 그 반전의 의미가 집약된 것은 후반의 미학이다. 이 시의 의미는 마지막 연에 있으니. 누구든 무엇이든 다 받아준다고 바다라 부르나보다고. 이 한 구절에 결집해놓은 바다의 포용력. 그것은 인류 역사를 감싸 안고 온 바다의 모성. 생성의 모태이자 근원으로서의 자궁이다. 소멸과 생성을 거듭하는 바닷물의 놀라운 힘 그 부활의 역동성이다.

목련을 기다리며

고정국(1958~)

배가 살짝 고파져야 시 쓰기가 편하다며
싱겁게 키만 키워 나의 창을 엿보던 친구
키다리 목련나무가 벗은 채로 서 있다

가지가 높아져야 생각도 높다 했지
그 가지 눈높이에 송이송이 피워 올린
순백의 시詩의 세상이 죽기 전에 있을까

다투어 필 때보다 질 때서야 말문을 여는
꽃의 유언 받아쓰던 그 시인도 꽃처럼 가고
나 여기 목련을 기다려 추운 밤을 샌단다

송이송이 필 때처럼 송이송이 낙화를 보며
비에 지는 꽃에서 투쟁의 봄을 점치던 시인
시보다 꽃이 아팠네, 이른 봄에 지던 꽃

빼앗긴 그대 하늘에 목련이 다시 올까
목련 없는 마당에도 봄이 성큼 다시 올까
어둠도 겨울도 깊구나, 목련 네가 그립다

시인은 시조의 품격을 지키면서도 자유시적인 형식과 포즈를 유지하고 있다. 시조의 3장 6구 43음절의 정형성. 그러한 시조로 현실비판적 의식을 형상화하기란 그리 쉽지 않은데. 그러한 것도 스스럼없이 펼쳐 보이는 시인이 여기 있다. 시조의 형식적 규약에 어떻게 상상력의 자유로움을 부가할 수 있을까. 어쩌면 앞으로의 시조가 풀어가야 할 숙제가 여기 있다. 그러한 것을 가능성으로 이끄는 시조시인이 여기 있다. 그는 지금 제주도에 산다. 그는 제주도의 공간을 뛰어넘어 한국시조 그 정상에 서 있다. 한국문학의 세계화를 풀어야 할 숙제라 할 때 우리는 먼저 시조에 대해 관심을 기울여야 한다.

이 시에는 목련과 한 시인이 동일시되고 있다. 그러므로 그에게 목련이 피면 그 시인이 돌아오는 것. 그 시인은 살짝 배가 고파야 시 쓰기 편하다고 했다. 가지가 높아져야 생각도 높아질 수 있다 하였다. 그는 질 때야 말문을 여는 꽃의 유언을 받아썼다. 비에 지는 꽃에서 투쟁의 봄을 점치곤 했다. 세상 떠난 그대 없는 마당에 목련도 없는데 봄은 오려는가. 아직은 어둠도 겨울도 깊기만 할 뿐. 그대 없는 봄은 목련도 없고. 목련이 없으니 봄도 오지 않는데. 그럴수록 시인은 먼저 떠난 그 시인이 정말 그리운 것이다.

달을 먹은 소

이성선(1941~2001)

저무는 들판에
소가
풀을 뜯는다.

풀잎 끝
초승달을 베어먹는다.

물가에서 소는
놀란다.
그가 먹은 달이
물 속 그의 뿔에 걸려 있다.

어둠 속에
뿔로 달을 받치고
하늘을 헤엄치고 있는 제 모습 보고
더 놀란다.

강원도 설악산에서 시를 쓰다 완전히 설악산이 되어버린 시인. 시인은 순간과 영원의 동시적 존재에 대해서 눈뜨고 한평생을 생명과 사랑의 시를 쓰며 살다 갔다. 이 시에는 현실의 세계를 넘어선 차원에서 우주 속의 한 점으로서 생명의 역사(力士)에 동참하고 있는 시인의 시선이 매우 인상적이다. 이 시의 의미는 불교적으로 말한다면 공즉시색(空卽是色), 색즉시공(色卽是空)이라 할 수 있을 것. 이 시에는 있는 것이 곧 없는 것이고 없는 것이 또 곧 있는 상태를 나타내기 때문이다. 초승달이 그렇고 풀 위에 놓인 달을 소가 먹은 것도 그러하다. 초승달 차오르고 풀잎도 다시 자라날 것이니. 이 시에는 소와 풀과 달이 하나로 되어 자연의 일부로 완전 동화된 상태를 표현하고 있다.

시인의 상상력은 자연 속에 풀을 뜯는 소를 통해 우주의 한 호흡에까지 가 닿고 있다. 풀을 뜯는 소의 동작은 순간이지만 그 순간 속에는 영원을 향한 진행이 잠복하고 있다. 순환과 반복의 흐름이 영원으로 이어지고 있기 때문. 풀잎 끝에 달을 베어 무는 소나, 물속에 비친 달을 보고 놀라는 소와. 그 소를 놀라게 하는 달은 하나의 우주로 유기체적 흐름으로 이어지는 것. 그러므로 순간은 영원이고 또 영원은 순간이 되는 것이다.

싱고

신미나(1978~)

십년 넘게 기르던 개가
돌아오지 않았을 때
나는 저무는 태양 속에 있었고
목이 마른 채로 한없는 길을 걸었다
그때부터 그 기분을 싱고,라 불렀다

싱고는 맛도 냄새도 없지만
물이나 그림자는 아니다
싱고가 뿔 달린 고양이나
수염 난 뱀일지도 모른다고 생각한 적 있지만
아무래도 그건 싱고답지 않는 일

싱고는 너무 작아서
잘 알아보지 못할 때가 많다
풍선껌처럼 심드렁하게 부풀다가
픽 터져서 벽을 타고 흐물흐물 흘러내린다

싱고는 몇번이고 죽었다 살아난다

아버지가 화를 내면
싱고와 나는 아궁이 앞에 앉아
막대기로 재를 파헤쳐 은박지 조각을 골라냈다
그것은 은단껌을 싸고 있던 것이다

불에 타지 않는 것들을 생각한다
이상하게도

시인의 영토는 감정을 호명하는 곳까지도 미치거늘. 그렇게 시인은 기분을 싱고, 라고 불러본다. 십년 넘게 기르던 개가 집을 나가서 돌아오지 않을 때. 그래서 나의 태양은 저물고 한없이 찾아다니다가 고달픈 몸을 끌고 올 때. 내 마음속으로는 싱고가 찾아왔다. 그러한 감정을 객관화하고 있다. 그것을 싱고라 명명하니 그게 나의 마음속으로 파고 들어와 한 영역을 점령해버린다. 싱고라는 소리가 의미와 감정을 얻어 입고 새로운 표정으로 태어난 것이다. 이렇게 시인의 명명하는 힘이라니.

그렇듯 시는 우리의 기분과 감정까지를 의인화하는 것이다. 그리하여 그것을 내 몸 안에서 키우기도 하는 것. 어쩌면 그것이 시인의 절대적 역할일지 모른다. 그것은 어느 날 심드렁하게 누워있다가 한순간 박차고 일어나 부풀어 올라 펵 터지기도 하고. 제 감정을 주체하지 못해 강짜를 부릴지도 모른다. 어떤 순간은 다른 상황으로 시인과 의기투합도 하는 듯. 아버지가 화를 내면 싱고와 나는 아궁이 앞에 쪼그리고 앉아 은박지를 골라낸다. 그것은 불에도 타지 않는 것. 싱고는 그렇게 한번 내게 붙으면 다시는 떠나지 않는 것이다.

해

박두진(1910 ~1998)

해야 솟아라, 해야 솟아라,
말갛게 씻은 얼굴 해야 솟아라
산 너머 산 너머서 어둠을 살라 먹고
산 너머서 밤새도록 어둠을 살라 먹고
이글이글 애띤 얼굴 고운 해야 솟아라.

달밤이 싫여 달밤이 싫여
눈물 같은 골짜기에 달밤이 싫여
아무도 없는 뜰에 달밤이 나는 싫여.

해야, 고운 해야, 늬가 오면 늬가사 오면
나는 나는 청산이 좋아라
훨훨훨 깃을 치는 청산이 좋아라
청산이 있으면 홀로래도 좋아라.

사슴을 따라 사슴을 따라

양지로 양지로 사슴을 따라
사슴을 만나면 사슴과 놀고
칡범을 따라 칡범을 따라
칡범을 만나면 칡범과 놀고.

해야, 고운 해야, 해야 솟아라
꿈이 아니래도 너를 만나면
꽃도 새도 짐승도 한 자리에 앉아
워어이 워어이 모두 불러 한 자리 앉아
애띠고 고운 날을 누려 보리라.

안성이 고향인 나와 동향으로 가장 윗자리에 앉는 분이 바로 박두진 시인이다. 수년 전 어느 문학지가 박두진 시인 특집을 꾸리며 나에게 '젊은 시인이 읽는 문단 거목'이라는 글을 청탁했다. 사실 청탁을 받을 때는 즐거운 비명을 지르지만, 전화를 끊고 나면 늘 걱정이 앞선다. 1980년대에 대학을 다닌 나로서 당시 리얼리즘 시단의 활성화에 상대적으로 눌려 있던 청록파 시인에 대해 깊이 이해하지 못했다. 서둘러

안성에 사는 시인에게 전화를 걸었다. 그리고 눈발이 날리는 오후 고속도로를 달려 안성으로 갔다.

선생이 태어난 곳은 안성여고 테니스장으로 바뀌어 있었다. 그가 유년을 보낸 고정치기 마을로 가 새로 건축한 집을 찾았다. 그 앞으로 넓은 들녘이 펼쳐져 있었다. 그리고 동쪽으로 멀리 서기(瑞氣)가 어리는 청량산이 솟아 있었다. 그리고 6.25 전쟁 때의 이야기를 들었다. 밤이면 가족들과 그 앞 콩밭에 들어가 숨고 가슴에 라디오를 끌어안은 채 밤을 새웠다 한다. 그 밤 하늘로는 아군과 적군이 교전하는 총탄 날아다니고 포성이 끊이지 않았을 것이다. 그날 밤 선생은 얼마나 공포와 두려움에 떨며 밤을 지새웠을까. 빨리 시간이 지나서 새벽이 오고 어둠이 걷혀 다시 집으로 돌아갈 수 있기를 학수고대했을 것이니. 그렇게 낮에는 아군의, 밤에는 적군의 지배에 놓이는 시간을 보내면서. 속히 그 어둠 벗어나 빨리 아침 해가 떠오르기를 기대했던 것인즉. 그 순간 시인은 해가 솟기만을 얼마나 간절히 기도했을까. 그 마음 간곡하게 노래했을 것. 그런 연유로 이토록 간절함 배인 시가 나왔던 것이다.

지하도시

허 연(1966~)

사람들은
지하도시를 건설했다.
얼룩진 빨래를
삶으며 삶을
이해했다.
지하도시 사람들은 다 똑같다.
5분만 더 자고 싶고
한 숟가락 더 먹고 싶고
일하기는
죽기보다 싫다.
푹신한 양털 침대에서 일어나든
야자수에 걸린 해먹에서 일어나든
뭄바이 천막에서 일어나든
사람들은 모두 똑같다.
아침은 생태적으로 저주에 가깝다.

지하도시는 굳건하다.
집집마다 커다란 가방이 하나씩 있다.
종종 이사에 쓰이지만
가끔씩은 생이 담긴다.

사람들은 지상의 삶이 권태로워 또 다른 도시를 건설하고자 했던 것이다. 그래서 그들이 건설한 것이 지하도시. 그건 그렇게 인간들의 삶을 지하에 가두어 버리고 만 것. 어디에 살더라도 우리 삶이 벗어날 수 없는 것은 먹고 자고 입는 것. 그리고 아침이면 깨어나 부스스한 머리칼을 빗어 넘기며 하품을 하고 다시 일터로 달려가야 하는 것. 지하에 건설하는 도시도 이 문제로부터는 절대 자유로울 수 없는 법. 바로 그것이 우리 생이다. 그러니 절대 다른 곳에 희망을 꿈꾸는 도시 건설하지 마라. 바로 여기 이곳에 새로운 도시를 건설하라. 그것이 바로 살아있는 낙원일지니.

그러나 어디에 도시를 건설하더라도 우리 삶은 다 같은 것. 지하도시 사람들도 다 똑같다. 그들도 5분만 더 자고 싶고 한 숟가락만 더 먹었으면 싶다. 그리고 그들도 일하기란 죽기보다 더 싫은 것이니 이 시의 마지막 부분에 주목하라.

지하도시는 굳건하고 그곳의 집집에는 커다란 가방이 하나씩 있다는 것. 그래서 그 가방은 종종 이사에 쓰이기도 하지만 가끔은 우리들 생이 담긴다는 것인데. 그러니 기실 우리가 지하에 만든 것이란 우리 생을 편리하게 한다는 그 착각. 그 속으로 모든 것을 스스로 가두어버린다는 사실.

얼치기 농사꾼

윤석산(1947~)

올해 농사는 다 망쳤다.
집 옆 텃밭에 고라니라는 놈이 나타나
고춧잎이며 오이순이며 호박순까지
모두 먹어치우는 바람에
오이, 호박은커녕, 고추 맛도
제대로 보질 못하게 되었다.

우리들이 잠든 밤이면
몰래 내려와 풀섶을 헤치며, 어둠 속
겁먹은 눈을 이리저리 굴리며 고춧잎이며 오이
순을
따 먹었을 그 녀석, 생각을 하니
어쩐지 망가진 밭이 그렇게 아깝지만은 않았다.

그렇지.
그러니 내가 얼치기 농사꾼이지

밭이 망가져도, 그래서 고추가, 오이가, 호박을
하나도 수확을 할 수 없게 되어도
그리 마음이 아프지 않으니
얼치기, 그중에서도 상얼치기

캄캄한 밤하늘 한구석
작은 별 하나 맑은 눈 뙤룩이며
우리들
얼치기 설치기, 그렇게 내려다보고 있구나.

이 농사를 지어서 누구와 먹고 사나? 논을 갈며 노총각이 그렇게 혼잣소리를 하면 나하고 먹고 살지. 논두렁에서 소리가 들려 가보니 큰 우렁이가 하는 말이었다고. 늦게 까지 장가들지 못하고 일만하던 총각이 우렁이를 집에 가져와 항아리 속에 담가두었더니. 들에만 나갔다 오면 진수성찬을 차려놓았는데 인적은 없고. 어느날 노총각이 부엌의 땔감 속에 숨어 기다렸더니. 항아리 속의 우렁이가 나와 상을 차려두고 다시 들어가는 우렁이각시가 되었다는데. 이 시에서는 시인이 묻고 고라니가 대답한 것도 아닌데. 시인이 누구와 먹고 살꼬 묻고 고라니들에게 답을 구한 것도 아니거늘. 고라니들이 밤마다 내려와 고춧잎, 오이순, 호박순을 모두 먹어치운다.

진정한 농사란 무엇일까. 내 배불리려고 땀 흘려 짓는 농사는 얼마나 이기적인 것인가. 우주의 기운이 동하여 함께 지어내는 것이 진짜 농사일진데. 그건 함께 먹는 진수성찬이 아닐는지. 고라니들이 밤마다 내려와 텃밭을 작살내도 껄껄껄 웃을 수 있다면 그 농사야말로 농사의 끝이 아닌가. 하여 밤하늘의 별 하나 얼치기 농사꾼을 내려다보게 하는 것이라니. 어둠 속에서 겁먹은 눈을 또록이며 고추 오이순을 따먹었을 고라니의 겁먹은 눈망울. 그것을 생각하는 농부야말로 진정한 농부 아닌가.

산 벚꽃

김선태(1960~)

온통 적막한 산인가 했더니
산 벚꽃들 솔숲 헤치고
불쑥 불쑥 나타나

저요 저요!

흰 손을 쳐드니
불현듯 봄 산의 수업시간이
생기발랄하다

까치 똥에서 태어났으니
저 손들 차례로 이어보면
까치의 길이 다 드러나겠다

똥 떨어진 자리가
이렇게 환할 수 있다며

또 한 번 여기저기서

저요 저요!

봄이 오고 인가 주변에 만발하는 벚꽃이 다 지고 난 다음에 산 벚꽃은 피기 시작한다. 언제나 스타는 나중에야 등장하는 법이니. 푸르러가는 산 듬성듬성 버짐이 피듯 팝콘처럼 터지는 꽃 사태. 산 벚꽃 한 그루가 피어도 인가의 벚꽃 다 지고 잠시 잠잠하던 차에 눈길 번쩍 먼 산이 온통 생기발랄 분기탱천. 시인은 그것을 아이들 수업시간으로 치환했다. 저요 저요! 마치 잠잠하던 산에 한 그루 두 그루 산 벚꽃 피어나며 여기저기 손을 들어. 저를 호명해달라고 떼를 쓰는 초등학교 수업시간 어린아이 같다고. 그러고 보면 이 시의 출발선은 동심이 분명하다.

소월이 봄꽃을 보고 인간과 청산의 거리를 한으로 형상화했다는 그의 시 '산유화'에 대한 해석. 봄마다 산에는 꽃이 피고. 그건 인간이 닿을 수 없는 자연의 무한하고 영원한 재생과 부활의 리듬이라면. 그에 반해 인간은 일회적 생을 살다가는 유한적 존재인 셈. 하지만 시인은 그것을 넘어 꽃과 인간을 동일시하였다. 그러나 성인이 아니라 어린아이로 비유한 까닭이 있을 듯. 초등학교에 들어가 키 작은 아이부터 차례대로 앞에부터 앉았는데. 산 벚은 까치가 똥을 떨어뜨린 순서대로 피어난다며. 산 벚이 앉은 순서는 곧 까치가 똥을 싼 순서라 했다. 그래서 꽃이 핀 길을 이어보면 까치의 길이 드러나겠다니. 하하하. 까치가 알면 꽃에게 부끄러워 얼굴 꽤나 붉히겠다.

물류창고

이수명(1965~)

나는 언제나 같은 꿈을 꾸어요
차를 타고 지나가고 있고요
붉은 컨테이너로 지어진 물류창고를 보아요
그것은 도시 곳곳에 솟아 있어요
뜨거운 태양이 하루 종일 걸려 있어도
녹지 않아요 녹슬지 않아요
뜨거운 태양이 이지러져도
도무지 움직이지 않아요
창고 옆에 한 사람이 서 있어요
그는 창고 위에도 있어요
창고 밖에 서서 창고 안에 있는 어떤 사람과 이야기하기도 해요
창고에서 창고로 그는 건너뛰어 다녀요
창고를 떠나 창고로 다시 돌아오는 즐거운 작업
내가 그를 향해 손을 흔들면
창고 안에서 사람들이 일제히 같은 페이지를 넘

겨요

창고에서 다음 창고로 최선을 다하는 그들의 명
랑한 명상

붉은 컨테이너 물류창고는 여름 내내

녹지 않아요 녹슬지 않아요

현대는 대량생산과 대량소비 속도와 교환의 매커니즘에 속박된 시대. 이미 개성은 사라지고 동일화로 인한 몰개성으로 일원화된 사회. 그렇게 된 건 이미 오래전의 일이다. 그러니 대량으로 만들어진 제품들을 쌓아놓을 수 있는 공간이 필요하고. 제품들이 대량소비를 위해 잠시 머무는 물류창고가 즐비하다. 그러므로 현대인들 모두는 물류창고에 갇힌 존재. 거기에 싸여 있는 제품이라 말할 수 있다. 언제나 같은 꿈을 꾸며 동일한 공간을 반복적으로 오고 가는 존재. 그러므로 우리는 창고 안의 사람이 되어 창고 밖의 사람과 이야기하거나. 혹은 창고 밖의 사람이 되어서 창고 안의 사람과 이야기하는 존재일 뿐. 그러나 창고를 뒤집으면 창고의 안과 밖이 바뀌고 그래서 너와 나는 결국 동일한 것이다.

물류창고(物流倉庫, warehouse)란 생산된 물품이나 생산에 필요한 원자재 등을 보관하는 설비. 그러고 보면 우리 삶의 주변이 모두 물류창고인 셈이다. 현대 사회 전반의 모습 그 자체가 물류창고일 듯하다. 창고는 모두 붉은 컨테이너 박스. 내가 창고로 돌아오는 그를 향해 손을 흔들면 물류창고 안에서 사람들은 일제히 같은 생의 페이지를 넘긴다. 창고에서 다음 창고로 최선을 다해 명상한다. 그러므로 창고야말로 그들이 기도하는 신이자 절대적인 존재. 그래서 현대인들은 물류창고에서 태어난 자식들이니. 그들은 모두 물류창고의 꿈을 먹고 자란다.

금동아미타불

문혜진(1976~)

그가 보스톤 미술관에서 보낸 사진에는
금동아미타불이
어둠에 뭉개져 있었다
중국의 절을 통째로 뜯어 온 것이라 한다
적막의 아미타불
희미한 미소가 뭉개진 불상
불상은 조상이 없다
불안이 없다
불면증이 없다
없다, 없다, 없다
없다는 것은 있었던 것을 지워 나가는 것
그것도 아니면
있는 것처럼 보이기 위해
허공에 황금 근육을 입히는 것

한 자루의 칼과

거푸집 속에서 끓어오르는 금쇳물
사람들은 국경을 넘어
터를 닦고
절간을 통째로 뜯어 와 다시,
누각을 세우고
연못에 잉어를 푼다
그리고는 금불상 앞에 엎드려
백팔 배, 천 배, 만 배
있었던 일들이 없던 일로 지워질 때까지
아니,
처음부터 없었던 것처럼 보이기 위해
허공에 황금 근육을 벗겨 나간다

인간의 믿음은 무엇을 대상으로 자라는 것인가. 중국의 불상인가. 구릿빛 미소인가. 그것을 위해 중국의 절을 통째로 뜯어와 조립해놓은 보스톤 미술관. 그가 그것을 사진으로 보내왔다. 적막의 아미타불. 어둠에 희미한 미소가 뭉개져 있었다. 색즉시공. 불상에게는 조상이 없다. 불안이 없다.

없다, 없다, 없다. 없다는 것은 있었던 것을 지워 나가는 것이라 하였다. 그것도 아니면 있는 것처럼 보이기 위해 허공에 황금 근육을 입혀놓은 것. 그것이 불상이다. 말인즉, 관념론의 대표적 행위인 종교가 굳이 불상을 만들어 전시한 것에 대해 시인은 강한 거부감을 보인다.

우상은 우상을 낳고 끝내 절망을 낳느니. 이상(李箱)은 절망이 기교를 낳고 또 기교가 절망을 낳는다고 하였다. 사람들은 국경을 넘어서까지 터를 닦고 절간을 통째 뜯어와 다시 누각으로 맞추어놓고. 연못을 파서 그곳에 붉은 빛깔 비단잉어를 풀어놓았다. 그렇게 외관을 갖춘다 해서 불상의 영험이 살아날지. 잉어가 꼬리를 치며 연못을 배회한다고. 그 사이를 흰 구름이 내려와 채운다고 인간의 근심과 고통은 사라질지. 금동아미타불. 금동아미타불. 천배 만배를 한다 해도 금칠한 아미타불이 살아날지.

코끼리

이린아

코끼리는 크고 둥그런 귀로 하늘을 날지요

천적이 없는 코끼리는 그래서
뒤로 걸을 필요가 없고
오래된 기억을 길게 가지고 놀아요

하지만 그것은 곧 죽을힘을 다해 비명을 지를 수 있는 오래된 기억이 생긴다는 뜻이에요 입술과 코가 붙어있는 건 말 대신 원인을 찾는 데에 더 영리하다는 뜻이고 유별나게 크고 둥그런 귀는 자신의 비명을 영영 잊지 못한다는 뜻이니까요 작은 상자의 칠일, 둔중한 막대기의 칠십 시간, 날카로운 꼬챙이의 칠십 리, 단단한 쇠사슬의 칠백 리 속에서 뒤로 걷는 법, 따끔거리는 막대기가 자신의 상아보다 더 작다는 걸 잊어버리는, 주춤거리는 놀이에요 삼백 리를 걸으면 우리는 코끼리의 배고픔을 느낄 수 있고 그들의 아픔은 또 삼백 리를 지나 두건 속 빨간 별들을 쓰다듬어 주면 지워질 수 있고 그들의 그리움은 강 건너 맞은편 사탕수수밭을 지나 통나무 오두막에 닿으면 이해할 수 있고 두려움과 애틋함은 그들의 짓무른 발바닥이 벗겨질 때까지 숨을 참고 여울 물 속을 건너면 깨달을 수 있대요

그 거리를 갈 수 있을 때에만 말할 수 있는 것들이에요 악랄함이란 연민은 철없는 코끼리가 되어 먼저 하늘로 날아갈 수 있는 그런 날이 오길 바라는, 살 끝에서 따끔거리는 오래된 기억이지요 코끼리도 뒤로 코를 구부리고 우리도 매일 엉덩이를 뒤로 빼며 인사를 하니까요

코끼리를 냉장고에 넣는 방법은? 이라는 퀴즈가 유행하던 때가 있었다. 장님 코끼리의 다리만지기라는 격언이 유행하던 때도 있었다. 하필 코끼리를 가지고 시비를 벌이는 것은

코끼리가 그만큼 메리트가 있기 때문일 듯. 냉장고 문을 연다. 코끼리를 넣는다. 그리고 문을 닫는다 했던가. 누구는 코끼리를 토막 내어 통조림으로 만들어 넣는다 하고. 또 누구는 조교에게 시킨다고 했다고. 참으로 싱겁기는. 웃고 말면 될 말놀음이지만 이러한 이야기 자체는 동심을 수반한다는 점이 분명하다. 그만큼 코끼리는 우리에게 신비하고 친숙한 동화 속 대상이다. 순하고도 느릿한 걸음은 평화를 상징. 큰 귀를 흔들어 여유 있게 파리를 쫓고. 그 넓은 등 위에 어린아이 하나 태우고도 저 큰 하늘을 떠받들고 걷는다. 언제나 머리 위 구름과 소통하며 푸른 초원을 거닐지. 악어와는 절대로 다투지 않지.

우리가 힘의 단위로 쓰는 마력(馬力)은 말이 힘의 기준이지만. 인도에서 힘의 단위는 상력(象力). 코끼리 한 마리 힘이 1상력이다. 지구상에 코끼리만큼 무거운 동물이 없다고 하는데. 코끼리는 크고 둥그런 귀로 하늘을 난다니. 코가 길어서 이름이 코끼리이거늘. 코끼리가 하늘에 닿을 수 있는 건 그 둥그런 귀 때문이라니. 그래. 우리 나이 60세를 이순(耳順)라 했지. 이제 귀로 하늘을 나는 저 코끼리의 지혜를 알 수 있다.

눈물의 중력

신철규

십자가는 높은 곳에 있고
밤은 달을 거대한 숟가락으로 파 먹는다

한 사람이 엎드려서 울고 있다

눈물이 땅 속으로 스며드는 것을 막으려고
흐르는 눈물을 두 손으로 받고 있다

문득 뒤돌아보는 자의 얼굴이 하얗게 굳어갈 때
바닥 모를 슬픔이 너무 눈부셔서 온몸이 허물어질 때

어떤 눈물은 너무 무거워서 엎드려 울 수밖에 없을 때가 있다

눈을 감으면 물에 불은 나무토막 하나가 눈 속을

떠다닌다

신이 그의 등에 걸터앉아 있기라도 하듯
그의 허리는 펴지지 않는다

못 박힐 손과 발을 몸 안으로 말아 넣고
그는 돌처럼 단단한 눈물방울이 되어간다

밤은 달이 뿔이 될 때까지 숟가락질을 멈추지 않는다

우리 눈물에도 중력이 있다니. 아하, 그래서 눈물도 땅으로 떨어지는구나. 그러기에 십자가는 더 높은 곳에 있고 우는 사람은 바닥에 엎드려 울고 있는 것. 뉴우튼이 만유인력의 법칙을 발견하였다 하는데. 그는 사과나무 아래서 잠들다 떨어지는 사과에 머리를 맞고 깨어나 그걸 깨우쳤다고. 그러고 보면 시인은 눈물로 중력을 발견하였다니 한수 위라 하겠다. 뉴턴은 과학자이기에 물리적이다. 더 깊은 중력은 눈물로 작용한다는데. 그것을 찾아 시인은 만유인력을 거슬러 오른다.

시인은 보통사람이 볼 수 없는 것을 볼 수 있는 자라고. 남들이 듣지 못하는 것도 들을 줄 알고. 느낄 줄 모르는 것을 느낄 줄 알아야 한다고. 그래서 시는 발견의 미학이라고 한다. 그러고 보면 뉴턴도 시인이다. 만유인력 원리를 발견하여 우주의 동력에 일보했으니. 생각해보면 우리 삶 모두는 서로의 중력과 만유인력으로 작용하며 연관을 갖는다. 그러고 보면 사과는 사과나무의 눈물이라 하겠다. 눈물은 또 우리의 사과인 셈. 그래서 누구는 내일 인류가 멸망한다고 해도 한 그루 사과나무를 심겠다고 했던 것인가.

구름을 위한 기분

하 린

부러워하면 지는 거라고 했는데
난 구름 속 운동장이 부럽다

젖고 싶을 때 젖을 수 있고
흩어지고 싶을 때 흩어질 수 있다

하나이면서 수만 개의 목소리를 품은 채
이쪽에서 저쪽으로
위에서 아래로 빠르게 소모된다

집중력은 얼마나 좋은지 모른다
한순간 쏟아지려는 태도를 조심한다

쏟아짐 앞에서 어떤 이는 울고
어떤 이는 뛰어내리더라도
휩쓸리는 건 마침내 마지막에 하는 일

웅덩이와 흙탕물과 급류가 한꺼번에 발병하더라도
어디를 가든 뭉게뭉게 명랑하고 싶다
어느 순간에든 공상으로 치닫고 싶다

그런데 구름은 나를 한 번도 초대하지 않는다
이 무한한 감정의 뜬구름을
잡아당기지 않는다

구름은 여전히 시간도 공간도 아닌 방향이다
당신이 있는 맑은 하늘에 닿기엔
나는 지나치게 악천후로 살고 있다

이 시의 싹은 성과 속의 간극에서 발아하고 있다. 부러워하면 지는 거라고 하는 일상의 가치에 갇혀 있는 나는 속(俗). 젖고 싶을 때 젖고 흩어지고 싶을 때 흩어질 수 있는 구름은 성(聖)이다. 또 누군가는 천당을 하늘 속에 구상하고, 지옥은

땅 아래 구상한다. 이렇듯 사람의 위상은 늘 하늘 아래에 있다. 그러니 자유자재로 움직여가는 구름이 동경의 대상인 것은 뻔한 이치. 이 세상에 태어나 천상천하 유아독존이라 크게 외친 자가 있었지. 그는 이미 태어나면서 모든 것을 깨우친 자라니. 그를 일러 생이지지(生而知之)라 했다. 생이지지자(生而知之者)는 성인이라 했다. 그러한 자들은 학이지지자(學而知之者)인 군자와 곤이학지자(困而學之者)인 소인과 판이하게 구분 지었다.

그만큼 하늘의 가치를 중심에 두고 그것을 구름에 비유하였다. 그런즉 구름을 위한 기분이라니. 구름은 천둥과 벼락을 동반하며 울고불고 하다가도 맑게 개인 하늘로 떠오른다. 궂은 날은 구름이 태양을 가려버린 것이니. 무엇보다 구름은 하늘을 지배하는 위치에 있다. 결국 물이 바위보다 강철보다 더 강하다 했지. 그것은 바로 이러한 이치인가. 속된 지상에 매어 살고 있는 우리는 성스러운 구름에 닿을 수 없다. 왜냐하면 우리가 너무 악천후로 살고 있기 때문이다.

바깥의 시작

김학중(1977~)

모두가 지나가고 나서야 바깥이 생겼다
지나쳐 남겨진 어딘가
가깝기에 이제는 먼 바깥
거기에서 바깥이 시작되었다
계속 뒤늦게 도착하는 지평선과 수평선
버려진다고 해도 이상할 것은 없지
다만 모두가 버리면
아무도 버려진 것을 기억하지 않아
그래서 괜찮아 바깥은 무너지지 않아
추방되고 누락되어도 바깥은 시작한다
무리에서 뒤쳐진 누군가 말했다
바깥이 지금 나를 지나갔다고
나만이 그처럼 가만히 멀어서
먼 곳은 없다고 말했다
말했으나 사실 그 말도 틀린 말이었다
지나가는 자들은 아무도 멈추지 않는다

다만 또 모두의 길로 나아갈 뿐이다
모두의 안쪽이야말로 광야다
그들이 도착할 곳이
이미 한번 발 디딘 바깥이었다는 것을
그들은 모르지만
바깥은 시작되고 시작되어
바깥의 안으로 그들을 이끌고 간다.

길이 끝나는 곳에서 길은 다시 시작되는 거라고. 거기에서 용기가 솟고 희망이 발버둥 치는 거라고. 사실 우리의 안쪽과 바깥은 절대로 상대적인 개념이다. 그것을 뒤집어보면 안과 바깥은 순간에 바뀌고 그것은 또 새로운 시작이기 때문이다. 어느 순간 우리가 몰두하며 보는 동물원 원숭이가 우리를 보고 웃고 있다는 사실. 그러기에 우리에 갇혀 있는 원숭이가 더 행복한 것이라는 사실. 흘러가던 물길도 잠시 멈추면 호수가 되는 것이다. 강이 강을 포기하지 않으면 바다로 갈 수 없듯이. 자기를 비우고 더 큰 것으로 채우는 이치와 그 이법. 바지랑대에 얽매인 나팔꽃이 허공을 타고 오르며 땅에 대한 집착을 버릴 때. 그것은 허공의 제왕이 되어 진정한 소리를 얻을 수 있다. 그 나팔 소리 크게 울려 퍼져 온 누리를 깨우는 것이다.

내가 바깥으로 나서며 현관문을 잠글 때. 이미 현관은 우리를 바깥으로 새운 채 스스로 안쪽이 되어 잠긴다. 그때조차 우리는 스스로 서 있는 곳을 안쪽이라 고집한다. 그러므로 모두의 안쪽이야말로 광야라는 결론에 이른다. 그래서 그들이 도착할 곳이 이미 한번 발 디딘 바깥이었다는 것을 그들은 모르지만. 벌써 바깥은 시작되고 시작되어 바깥의 안으로 그들을 이끌고 가는 것이다. 그래서 모두가 지나가고야 바깥이 생긴다는 것인데. 우리는 때로 그렇게 모든 것을 지나쳐야 깨닫게 되는 우둔한 존재이다.

금강

신동엽(1930~1969)

정신은
빛나고 있었다.
몸은 야위었어도
다만 정신은
빛나고 있었다.
눈물겨운 역사마다 삼켜 견디고
언젠가 또다시
물결 속 잠기게 될 것을
빤히, 자각하고 있는 사람의.
세속된 표정을
개운히 떨어버린,
승화된 높은 의지 가운데
빛나고 있는 눈,
산정을 걸어가고 있는 사람의,
정신의 눈
깊게. 높게.

땅속서 스며나오는듯한

말없는 그 눈빛.

자고로 강은 하늘을 따라 길을 열어왔다. 그 강 옆으로는 마을이 펼쳐지고. 마을은 사람을 낳았다. 그 사람 중 반드시 하늘의 이치로 깨인 자 있으니. 그의 몸은 야위었지만 그의 정신은 언제나 살아 빛나고 있었다. 그의 발자국마다 눈물겨운 역사를 딛고 세속의 나태를 개운히 떨쳐버린 눈빛. 그 승화된 높은 의지로 화살처럼 빛나던 눈빛. 그 눈빛을 쏘며 산정 위로 성큼성큼 걸어가던 사람 있었다. 그 정신의 빛으로 땅속 깊이서 솟구쳐 나오는 형형한 눈동자가 있었다.

강은 다만 말없이 그 사람을 위해 순한 살결 위로 새 길을 열어줄 뿐. 강위로 시간을 나르던 순간마다 붉고 뜨거운 피 감싸 안았다. 아침이 오고, 밤이 오고, 또 새벽이 왔다. 눈물겨운 역사마다 삼켜 견디며 이승을 뚫어버린. 오, 지고한 인간정신의 미. 강은 그 빛을 받아 품고 새로운 강을 낳았으니 강의 새끼들 꼬리에 꼬리 물고 태어났다. 갓 태어난 강은 싱싱한 물살 일구며 더 힘찬 금강으로 천리를 뻗어갔다. 마침내 서해로 스미어 동해로 태평양으로 굽이치며 달려갔다.

달팽이가 간다

강 순(1969~)

오늘 밤은 잠이 안 와서
사과만큼의 거리를 갔습니다
나의 걸음에 대한
당신들의 소문은
이제 폐기할 때가 되었습니다
사과만큼의 거리란
사과 백 개 천 개를 늘어놓은
아주 달콤한 목표일지 모릅니다
나무들도 제 자리에서 걷는다지요
새들도 자면서 어둠을 건넌다지요
내가 있던 자리에
풀이 자라납니다
나는 밤잠을 잊었으니까요
삼백오십 번째 사과가
단맛을 풍기기 시작합니다
내 몸 밖으로 진물이 흐릅니다

달팽이가 가는 거리를 인간들의 시야로 잴 수는 없다. 달팽이가 달려간 거리를 물리적 거리로 환산하는 것이 무슨 의미가 있으랴. 그건 기준이 다르다는 게 아니다. 달팽이가 온몸으로 딛고 간 거리를 우리의 육안으로 재어서 무엇하겠는가 말이다. 그것은 심안과 영안으로 보듬어야 할 생명의 지난한 몸짓. 하룻밤에 만리장성을 쌓았다고 하는 인간의 말도 있거니와. 발 없는 말이 천 리를 간다고 하는 속담도 익히 들어 알고 있다. 그러나 사과만큼의 거리는 절대로 사과 하나의 크기를 말하는 게 아니다. 사과 백 개 천 개를 늘어놓은 아주 달콤한 목표일지 모른다.

백 미터 선을 긋고 시간을 단축하기 위해 부정출발을 밥 먹듯이 하는 인간의 눈으로는 달팽이를 재지 마라. 사과의 단맛은 결국 달팽이 기어간 흔적. 그 노고가 쌓아올린 만리장성일지 모른다. 어둠을 삭힌 시간의 단맛이 풀풀 풍기는 향내다. 달팽이가 있던 자리에도 어느새 풀이 자란다. 자전하는 지구 위에서 풀이 자라는 이치라고 할까. 달팽이는 밤잠을 잊었으니까. 사과만큼의 작은 거리를 가고 또 그만큼을 이어 간 것이다. 그것은 잠이 오지 않는 시간의 더디 가는 모습을 표현한 것. 본디 걸음이 느려서 그러한 것이 아니다. 오늘도 내일도 달팽이는 사과만큼의 거리를 간다.

금강에게

조재훈(1937~)

둥둥 북을 울리며,
새벽을 향하여 힘차게
능금빛 깃발 날리며,
앞으로 앞으로 달려가는
금강, 넌 우리의 강이다.

산맥을 치달리던 마한의 말발굽 소리,
흙을 목숨처럼 아끼던 백제의 손,
아스라이 머언 숨결이
달빛에 풀리듯 굽이쳐 흐른다.

목수건 질끈 두른 흰옷의 설움과
가난한 골짜기마다 흘리는 땀방울들이
모이고 모여 고난의 땅을
부드럽게, 부드럽게 적시며 흐른다.

흐르는 물이 마을의 초롱을 켜게 하고
모닥불과 두레가 또한 물을 흐르게 하는
하늘 아래 크낙한 어머니 핏줄
금강, 넌 우리의 강이다.

등등등 북이 울면 강은 힘껏 달린다. 새벽을 향해 금강이 치달려간다. 둥둥둥 산맥을 뛰어넘던 마한의 저 말발굽 소리여. 백제 사내 아사달 힘껏 북채 휘두르면 큰 북소리 금강 위로 떨어지고. 북소리 한 아름 폭포처럼 쏟아지면 아사녀 춤사위가 받아 안고 천리를 이어간다. 아사달 아사녀 함께 북채 말아 쥐고 힘껏 휘두르면 북소리 강위로 둥둥둥 천둥처럼 떨어진다. 북소리 이어 쏟아지면 백두와 한라 사이로 금강은 내리 달린다. 둥둥둥 말발굽 소리가 강심을 밟고 건너간다.

목수건 질끈 동여 흰옷 입은 백제 사내. 흙을 목숨처럼 사랑하는 백제 남자여. 두 손아귀 힘껏 모아 어둠을 내리치자. 그 북소리에 민족의 설움도 녹아들고, 그 북소리에 강은 가쁜 징소리로 자지러지며 화답한다. 그때 새벽은 더 크게 와 열리고, 아사달 아사녀의 사랑도 더 멀리 멀리 퍼져간다. 둥둥둥 북을 울려라. 둥둥둥 북채를 튕겨라. 금강 너는 우리의 강이다. 금강 너는 우리 어머니의 강. 금강 너는 우리의 정한 사랑이었다. 신명난 아사달 아사녀 춤사위 휘감기면 옹이진 우리 삶도 훤히 풀리고. 아사달 아사녀 맞잡은 손 둥글게 어우러지며 강변에 보리밭 물결치며 파도 출렁거린다.

미용실, 양파이야기

조명희(1964~)

속 빠진 여자 서넛 앉아
까도 까도 맵지 않은 이야기를 깐다

헝클어진 머리의 여자
속을 들추니 쉰소리가 하얗게 쏟아진다
손 쓸 방법은 없어
새치 커버용 염색약을 덕지덕지 개여
비닐로 다독인다

등 굽은 여자는 고데를 한다
허리를 펴고 앉아 웨이브를 만다
한 꺼풀 벗으며 찍어 내는 눈물
소설책 열두 권은 말아 먹은 듯
뱉어내지도 못하고 접히고 마는 페이지

출입문을 열고 고개만 삐죽

펌은 얼마예요? 고개를 꺾고 돌아서는 아이
꽝 닫힌 문 대신
툭 떨어진 가격표
해작질하는 소년의 머리 위로
열캡보다 뜨거운 뒷통수가 있다

통유리창 안으로 햇살이 그득한 미용실
손님들은 무료함에 늘어져 하품만 잦다
물때 낀 어항 속 거북이만
까끌거리는 목 빼고 머리카락을 털어댄다

미용실은 순간적인 것 영원한 것이 교체되는 곳. 누구나 쌓여온 일상의 잔재를 털어내 새로운 모습으로 거듭나려 한 달에 한 번 문 두드린다. 사방이 온통 유리창으로 둘러쳐진 그 감옥 안에서. 오늘도 속빠진 여자 서넛 양파를 깐다. 양파를 가면 깔수록 속살 부드럽게 열리며 매운맛에 눈물 터뜨리지만. 미용실에서 여자들이 까는 양파는 눈물샘이 아닌 마음샘을 자극한다. 스스로 울지 않는 여자들은 보이지 않는 곳에서 상대를 울게 하는 것이다. 그렇게 무료함과 느슨함은 교차하며 시간의 허리를 말고 있다.

미용실에 오면 누구나 새로운 얼굴로 밖을 나선다. 변신이 가능한 것이니. 헝클어진 여자는 새치 커버용 염색약을 개어 다독인다. 등 굽은 여자는 고대를 하고 웨이브를 만다. 그때 누군가 문을 열고 고개를 삐죽거리며 펌의 가격을 묻고 간다. 그 사이 창 안의 움직임은 잠시 중단되었다 이어진다. 미용실에 오면 누구나 시간을 잡고 싶은 것. 천천히 머리를 말고 파마한 머릿결을 푼다. 그렇게 이곳은 기다림과 무료함이 한 몸으로 이어진다. 투명함 가득한 유리창 안에는 하품이 넘치고 어항 속의 거북이만 목 빼고 머리카락을 털어낸다. 기다려야 완성되는 게 미용실만일까만. 그도 어느새 기다림에 익숙해질 때에야 문밖으로 나선다.

금강

안홍렬(1949~)

금강 근처에 살 때에는 강이 낯설어서
강가에 서기가 두려웠다
강가에 가면 강의 깊이와 만날 수 있을까
강을 찾아가다가
중도에서 포기하기가 여러 번이었다
가만히 앉아서 강을 생각하면
강은 참으로 보고 싶다
강가에서 멀리 이사를 오고
결혼을 하고
아이를 하나 얻었다
그러나 강은 아직도 낯설고 두렵다
이제 강을 찾아가도 될 때라면
한번 용기를 내야 하겠다
두려움은 피할수록 커지는 것
어서 강과 만나 늦은 이유를 말해야 하겠다.

우리 생에 두려움으로 놓쳐버린 일들 얼마나 많던가. 두려움은 피할수록 커지는 것이니. 그러니 모든 일에는 언제나 용기가 필요한 법이다. 하여 금강을 찾아가는 데도 시인에겐 삼십년이 더 걸렸다. 그가 강가에 서기 두려워 수차례 강을 찾다 포기하기를 반복하는 동안. 그는 강가에서 더 멀리 이사를 하고 결혼을 하고 또 아이를 낳았다. 그렇게 점점 멀어져간 것이다. 그래도 그에게 아직도 금강은 두렵고 낯선 존재. 그렇게 금강은 그의 생 한 중심부를 가로질러 흐르며 더 깊어져갔다.

우리 생의 모든 것이 이와 같은 게 아닐까. 너를 무심히 흘려보내고서야 나중에 알게 되는 것. 그렇게 한참 지난 뒤에야 보이는 것들이 있다. 어쩌면 그것이 진실일지도 모른다. 당장 눈앞의 감정에 치우치다 지난 뒤에야 그 실체와 의미는 더 또렷하게 보이는 법. 우리에게 금강은 그런 것인 듯. 금강의 시간은 정말 그렇게 다가온다. 기쁨도 즐거움도 설움도 절망도 다 끌어안고 굳세게 흐르면서. 시간과 공간과 인간사의 모든 것을 감내하고 있으니. 그래서 금강은 우리에게 더 짠하게 다가오는 것이다.

외출에서 돌아온 나비

김종관(1954~)

봄이 오자 나비가 문을 열고
밖으로 나갔다
한참 놀다
해가 져서 꽃밭인 줄 알고 차를 탔다

산이나 들
나무만 꽃이 피는 줄 알았는데
밤거리가 차들로
꽃피고 있다는 것을 처음 알았다

나비는 남산에 올랐다
남산에서 내려다보는 서울의 야경은
천 개를 천만 번 더하는
꽃잎으로 포개진 한 송이
꽃봉오리 같았다

나비는 깨달았다
자동차와 건물에도 꽃피워
아름다운 도시를 만들어간다는 것을
외출에서 돌아온 나비들은 꽃만 좇아다니지 않았다

나래를 떼어
하얀 꽃잎
노란 꽃잎
파란 꽃잎
울긋불긋 도시라는 꽃밭을 만들었다

이 시의 출발점은 환상과 현실 그 사이 어디쯤 놓여 있다. 이 시에 등장하는 나비를 인간의 은유적 표현으로 이해하자. 그가 드디어 봄이 되어 문을 열고 밖으로 나갔다고. 한참이나 놀다가 붉은 불빛으로 가득한 차를 꽃밭인 줄 알고 탔다고. 그는 꽃이 산과 들, 나무에만 피는 줄 알다가 밤거리가 온통 차들로 꽃 핀다는 사실을 알게 된 것이다. 그래서 나비는 남산으로 올라가 서울 야경을 보개 되는데. 천개를 천만 번 더하는 꽃잎으로 포개진 꽃봉오리를 보는 것인데. 나비는 자동차도 건물도 꽃을 피워 꽃밭을 만들어간다는 것을 그때 알았다.

결국 집으로 돌아와서 나비들은 스스로가 꽃이라는 사실을 알게 되는 것이다. 그리하여 나래를 떼어 하얀 꽃잎 노란 꽃잎 파란 꽃잎 울긋불긋 도시라는 꽃밭을 만드는 것이다. 그러니까 도시 속에 갇혀 살아가는 현대인들의 내면에 잠재하는 자연에 대한 동경과 그리움을 문명의 반짝임으로 대체하려는 의도인 듯. 그러므로 이 시의 포오즈는 아이러니 속에서 파악해야 한다. 문명의 부정적인 측면을 역설적으로, 긍정으로 되돌리려는 의지가 아이러니를 통해 거듭나는 것이다. 결국 우리가 대상을 어떻게 바라보고 인식하느냐에 따라 그것은 전혀 색다른 모습으로 다가오는 것이니. 봄이 오고 황사가 몰려와도 그 안에서 싹트고 있는 자연의 의지를 더 신뢰하자.

비단강

나태주(1945~)

비단강이 비단강임은
맑은 강을 돌아보고 나서야
비로소 알겠습니다

그대가 내게 소중한 사람임은
더 많은 사람들을 만나고 나서야
비로소 알겠습니다

백 년을 가는
사람 목숨이 어디 있으며
오십 년을 가는
사람 사랑이 어디 있으랴……

오늘도 나는
강가를 지나며
되뇌어 봅니다.

얼마나 고왔으면 비단강이 되었을까. 이른 새벽 깨어나 목욕재계하고 비단길 내어 골목을 쓸고. 서둘러 비단으로 옷 지어 입고 두루마기 비단 자락 휘날리며 길 떠났으리. 머리 위엔 턱하니 비단으로 삿갓도 만들어 썼으리. 그 기품 그 맵시가 금강을 쏙 빼어 닮았으리. 하여 시인도 그 길을 따라 전국을 누볐으리니. 강이란 강은 모두 찾아가 고운 비단 버선발로 찰진 땅도 밟고 돌아보았으리라. 그리고 나서야 비로소 알게 되었을 것이다. 비단강이 비단강임을. 그대가 내게는 소중한 사람인 것을.

아름다움은 또 하나의 이름을 낳느니. 비단강. 그 유장한 흐름은 끝없는 창조의 현장이다. 위대함은 언제나 이름을 넘어 새 이름을 키워가는 법. 금강의 대표 시인 신동엽. 금강은 그의 전유물처럼 되었지만. 뒤에 온 시인은 이제 '금강'을 비껴 '비단강'이라 부르고 싶었던 것. 곁핍이 또 하나의 창조를 낳은 셈이다. 금강은 민족과 역사를 아우르는 유장한 흐름이고. 이어서 개인과 일상의 섬세한 호흡이 굽이치는 비단강이다. 금강은 항시 이 두개의 강이 함께 감싸 안아 공존하는 것이니. 그렇다. 금강은 비단강으로 이어져서야 더욱 소중한 강이다. 그대도 내게 더 소중한 사람이듯.

오이꽃 생각

이경희(1972~)

창가에 화분을 두었습니다
화분에 꽂아 놓은
촛불은 아직 흔들립니다

날마다 자라나기 위해
영원히 타지 않는 촛농의 무게를 견디기 위해
온갖 것들이 변명을 달고 태어나면서 죽어갔습니다

흐린 날에도 우리는 너무 많이 자라서
무성하게 올라오는 감각들은 쓰지도 못하고
내버리느라 쫓기 듯 길어지고
무서운 높이에서 매일 떨어지는 꿈을 꾸었습니다

아득하게 지나온 울타리에

펄럭이는 모자처럼 가까스로 매달려 있지만
깨지기 쉬운 화분이라서
작별을 고하고 서둘러 여름이 지나갔습니다

작고 노오란 오이꽃을 본 적이 있다. 초여름으로 드는 아침 들길 걸어갈 때. 이웃집 텃밭에 심어놓은 오이가 나뭇가지를 타고 기어 올라가 아침 신선한 공기 속으로 여러 개의 꽃망울 틔워내고 있는 것을. 그리고 며칠 지나 다시 가보니 그 꽃은 떨어지고 흔적도 없었다. 꽃 진 그 자리가 매우 아프겠구나, 하고 다가가니. 아, 고 작고도 희미한 흔적 아래 쪼그려 앉아 아주 작은 오이가 자라고 있는 게 아닌가. 나는 꽃이 진 상처를 딛고 그 아픔만큼 성숙하는 오이를 보고 만 것이다. 자세히 살피니 그 옆으로는 다섯 형제가 나란히 사이를 두고 누워 있었다. 순간 오이나무는 너무도 당당히 우쭐거리며 한 채의 화목한 집이 되어 온통 이슬을 단 채 출렁거리고 있었다.

시인의 창가에는 화분 하나가 있다. 그 화분에는 꽂아놓은 촛불이 아직도 흔들리고 있다. 그 희망 그 기도하는 손으로. 촛불은 초록의 세상을 밀고 올라오는 생명의 빛이다. 그 발그레한 빛으로 오이꽃은 피어나고 주변은 그 오이꽃으로 온통 샛노란 빛을 띠는 것이다. 우리는 흐린 날에도 무성하게 자라나 아주 높은 곳에서 무섭게 떨어지는 꿈을 꾼다. 그것은 우리의 키가 점점 커가는 중이라고 엄마는 말해주었다. 그러나 생명의 둥지는 아주 잘 간수해야 하는 법. 언제나 깨어지기 쉬운 것이 화분이라서. 시인은 재빨리 작별을 고하고 여름은 그렇게 서둘러 지나갔던 것이다.

비단강 흘러 이리로 오네

권선옥(1952~)

저 고운 강물 흘러 이리로 오네
깊은 산 우거진 숲 돌아 돌아
비단길 수놓으며 이리로 오네
푸른 나무 지나 너른 벌판 사이로
곱게 곱게 강이 흘러
우리 마음 물빛처럼 살라고
비단강 흘러 이리로 오네
따뜻한 가슴 가진 사람들,
둘레둘레 모여서 살라고
깊은 강물 흘러 이리로 오네
한 평생 마주 보며
강물처럼 살라고
저기 저 강 흘러 이리로 오네
비단강 흘러 이리로 오네

금강은 절대 외로이 흐르지 않느니. 금강은 언제나 너와 나 사이를 잇기 때문이다. 그건 금강의 정신, 그게 금강의 영혼이다. 그래서 금강은 비단강. 너와 나 사이를 이으며 이리 흘러오는 것. 너와 나의 강 사이로 스며드는 정신이다. 대지 위에 펼쳐진 비단강은 강 하나로 멈추지 않느니. 그 강 저 멀리 흐르는 강으로 이어지며 날마다 새로운 강을 낳는다. 그렇게 강과 강 사이에 무수한 강 태어난다. 그 강 사이사이 흐르는 우리들의 영혼. 점 점 점 강의 미세한 숨결과 함께 흐르며 번져 온 누리를 흠뻑 적신다.

비단을 잣듯 대지의 빈 들녘 가로 질러 날줄과 씨줄 놓아 수를 엮는 금수강산(錦繡江山). 그것 한 자락 흐르니 금강(錦江). 다시 보니 비단강. 그 옆 자락에 우뚝 선 것 금산(錦山)이다. 이렇게 금강과 금산이 어우러져 비단강이다. 달 밝은 밤에 비단 짜는 소리 대지를 감싸 안고 신비로운 숲으로 자물리는 별빛이다. 사람들 단 잠 속으로 스미어 꿈으로 영글고. 아침 풀잎마다 아롱져 이슬을 단다. 그 이슬 속에도 펄럭이는 비단자락이다. 그 강과 한 평생 서로 마주 보며 강물처럼 살라고 비단강 흘러 이리로 온다. 저 비단자락 굽이치며 이리 이리 달려온다.

구름의 심사평

송연숙(1968~)

한때 나는 모든 결정들의
심사평을 수집했다
3차원의 구름에 소나기 사선, 밑줄 죽죽 긋던
구름의 심사평이 그 중 압권이었다
말하자면 구름에게도 모퉁이가 있고
지붕들을 대하는 자세도 다 달랐다
그건 지붕 밑의 사람들이 비를 이해하는 방식
엄마는 난리가 났다며 장독대로 뛰어 갔고
나는 앵두꽃이 떨어지는 소리이거나
흙냄새가 뛰어다니는 소리라 했다

돛 하나가 전 재산인 사람과
파종기를 기다리는 들판의 주인
이불홑청을 널어놓고 바람을 흔들어대는 빨랫줄
우글우글 지렁이와 뱀장어와 번개가
관절 곳곳에 들어 있는 노인이

구름 명확한 심사자들이다

구름 뒤에는 항상 맑은 날이 있어서
아직 형태가 없는 구름이 지나간다
그건 몇 년 후의 양떼이거나
새들의 깃털, 어머니가 세우신 탑이거나
고양이의 앞발일 수도 있다

지붕 위의 구름은
지붕 밑의 일들을 흉내 낸다
뜬구름 잡고 뒹구는 하루하루가
먹구름에서 꽃구름으로
비구름에서 뭉게구름 오갈 수 있어
악천후들의 심사평도
꼼꼼히 살피고 또 살피는 것이다

구름에 대한 심사평을 쓰는 시인이 있다. 우리도 그렇게 자연물 하나씩 배당받아 심사평을 써보면 어떨까. 무지개

심사평 도랑물소리 심사평 꽃의 향기와 표정 심사평. 지평선의 곡선에 대한 심사평과 안개의 실루엣 심사평. 그리고 아침 일찍 꽃밭을 다녀가는 아기 토끼 숨결의 심사평 등. 그건 바쁘게 경제적 가치를 환산하며 셈에 빠져 있는 우리에게는 아주 소중한 경험. 우리에게 그것 자체는 매우 유용한 일일 것이다. 그 순간 우리 의식 속에 차 있는 돈이나 이자, 소득과 가치, 투자와 환전이라는 약삭빠른 생각들은 모두 사라지고. 그 여백으로 순수한 풀밭이 한껏 펼쳐질 것이다. 또 그 속으로는 도랑가 미루나무에 두고 왔던 매미 울음, 비탈에 찔레순 꺾다 놓쳐버린 오색구슬이 생각날지도 모른다.

일상의 우리는 하늘의 구름 올려다보며 서로 다른 생각을 하겠지. 농부는 구름을 보고 날씨를 알기도 하고. 궂은 날이면 노인들은 무릎이 저리다고 하겠고. 바람 불면 양 떼와 새털로 수시로 표정을 바꾸는 구름처럼. 지붕을 사이에 두고 하늘의 구름은 지붕 밑의 일들을 흉내 내는데. 지붕 밑 사람들은 비를 이해하는 방식도 다 다르다. 구름은 특별히 먹구름에서 꽃구름으로, 비구름에서 뭉게구름으로 바뀔 수 있으니. 악천후의 평도 세밀하게 잘 살펴야 한다.

이별의 능력

김행숙(1970~)

나는 기체의 형상을 하는 것들.
나는 2분간 담배연기. 3분간 수증기. 당신의 폐로 흘러가는 산소.
기쁜 마음으로 당신을 태울 거야.
당신 머리에서 연기가 피어오르는데, 알고 있었니?
당신이 혐오하는 비계가 부드럽게 타고 있는데
내장이 연통이 되는데
피가 끓고
세상의 모든 새들이 모든 안개를 거느리고 이민을 떠나는데

나는 2시간 이상씩 노래를 부르고
3시간 이상씩 빨래를 하고
2시간 이상씩 낮잠을 자고
3시간 이상씩 명상을 하고, 헛것들을 보지. 매우

아름다워.

2시간 이상씩 당신을 사랑해.

당신 머리에서 폭발한 것들을 사랑해.

새들이 큰 소리로 우는 아이들을 물고 갔어. 하염없이 빨래를 하다가 알게 돼.

내 외투가 기체가 되었어.

호주머니에서 내가 꺼낸 구름. 당신의 지팡이.

그렇군. 하염없이 노래를 부르다가

하염없이 낮잠을 자다가

눈을 뜰 때가 있었어.

눈과 귀가 깨끗해지는데

이별의 능력이 최대치에 이르는데

털이 빠지는데, 나는 2분간 담배연기. 3분간 수증기. 2분간 냄새가 사라지는데

나는 옷을 벗지. 저 멀리 흩어지는 옷에 대해

이웃들에 대해

손을 흔들지.

서양의 신화와 동양의 신화는 그 출발이 다르다 한다. 낙원으로부터 추방으로 시작하는 서양의 신화와 만남으로 시작하는 단군신화가 그러하다. 그러나 그 이후 우리 민족의 삶은 참으로 많은 흩어짐과 갈라짐, 그리고 이별과 분단으로 점철되어 온 게 아닌가. 하여 시인은 애써 이별에 대해서는 태연한 척 딴전을 피운다. 사랑하는 사람도 미워하는 사람도 만들지 말라는 것은 법구경의 한 구절이다. 사랑하는 이 못 만나 괴롭고 미워하는 이 안 만날 수 없어 괴롭다니. 만나지 않고 살 수도 또 이별 없이 살 수도 없는 게 우리 삶인데. 그렇다면 아예 이별의 두려움 피하기 위해 만나지 않는다면. 그것은 얼마나 소심하고 또 옹졸하고 소극적인 심사일지.

헤어짐은 차라리 아픈 게 낫지 않을지. 그래야 더 오래도록 생각날 테니까. 더 나가 우리는 헤어지기 위해 산다고 더 명확히 해두자. 그게 한결 더 현명한 일일 듯. 그러니까 만남의 능력은 차치하고 이별의 능력을 키워야 하는 게 아닌가. 작은 이별도 가벼이 잊거나 지울 수 없다면 차라리 그 고통 즐기는 게 나을 듯. 그래서 이별을 옷 하나 벗듯이 그렇게 가볍게 할 수 있다면. 그리고 우리 떠나는 이웃에게 손 흔들자. 그렇게 이별의 능력 발휘한다. 누군가 나를 떠난다. 나는 노래하고 빨래하고 낮잠 자고 명상하고 그리고 잊는다. 이별. 그거 참 쉽쥬!

청청한 시 읽기, 두 발의 자유화

- 『김완하 시인의 시 속의 시읽기 5』를 읽고

변선우(시인)

산책 불발자들 보세요

산책이 귀해지는 시절이다. 바이러스며, 먼지며, 날씨며, 우리의 두 발을 실내에 묶어두게만 만든다. 그러니까, 과거를 들먹거리게 되는 거다. 산책이 있던 시절의 이야기. 와중에 도란도란 나누던 농담이 있던 시절의 이야기. 나란히 걷거나, 나 홀로 걸으며 경치를 온몸으로 흡수했던 일들이 있었다. 세계를 두 눈에 담고 기쁨도 복수도 거기서 배운 일들이 있었다. 그건 무슨 일로 안온했으며 편안한 일들이었다. 꼭 안전한 길들이었다. 나란하던 이들과 공유했던 시야는 가슴과 뇌에 더 깊이 꽂혔었다. 더 오래, 지금까지 살아 격리된, 방전된 우리 몸과 마음을 구성하고 있다. 여러분의 산책은 얼마나 귀해졌나. 당장, 움직이고 싶은 마음 어디 두었나.

야외 결핍에 시달리는 우리가 어디 있다. 그런 의미에서 『김완하 시인의 시 속의 시읽기』 5권은 프로 산책자의 온정어린 안내책자이다. 이따금, 산책 자체의 책이다. 시인이 빚은 세계의 이모저모를 신이 빚은 세계의 이모저모를 밝혀 걸어 나가듯, 우리는 세계를 현현이 마주하려는 노력의 편편들을 눈 시리도록 경험해볼 수 있다. 우리는 웬일로 안온하고 단잠처럼 기꺼이 시를 흡수할 수 있는 거다. 가지 하나 주워오듯, 한 구절 얻어올 수 있는 거다. 화병에 꽂아두듯, 다이어리 한켠에 적어두어 언제든 바라볼 수 있는 거다. 이것이 함께할 다정한 산책의 요목조목이라면 우리는 기꺼이 말과 글을 따라 팔다리 한 쌍과 폐 한 쌍을 움직일 거다. 그래서 우리는 무슨 일로 이 책을 통해 세계를 배우고, 세계를 비우며 다시 돌아오는 방식을 예비하게 되리라 예감하는 거다. 굳어있던 근육과 오해를 변주토록 하는 세계의 이모저모는 분명 따뜻할 거다. 우리는 변주를 통한 세계의 이면을 학습해 진짜 산책을 상상해볼 거다. 그게 그거고, 저게 저거일 거라는 고집을 벗어나, 한 발 한 발 활자의 길목들을 걸어보게도 될 거다. 본격적 활자로 난 길을 걸어가 보자. 보폭에 맞추어 고개 들어 보자.

고정된 건 관념이 아니라 우리의 두 다리라

우리는 당연하리라 여겼던 사실들에 배신당하는 경우를 종종 겪는다. 배신들이 종종 발에도 차인다. '시소'가 우리말인 줄 알았는데 영어였다거나, 사랑과 우정을 종단하다, 그게 나만의 착각으로 종결되어버리던 일들. 그로 인해, 배신의 말로를 맛보아, 상처에 익숙해지곤 하지 않았나. 그런데, 당연하리라 여겼던 것들이 우리 자신의 마음에서부터 도래했다는 사실에 뼈 아파져 오는 거다. 우리의 착각이 우리의 상처로 되돌아왔던 거다. 그러니까 두개골을 깨듯 관념을 깨어보는 일에 골몰해보는 거다. 어쩌면, 착각에 착각으로 복수해보는 거다. 그래서 보다 유연하게, 뇌가 흐르는 대로 내버려두어 시의 미묘를 포착해본다.

작은 상자는 젖니를 갖고 있다
그리고 짧은 길이와
좁은 넓이와 작은 공허
그 밖에 모든 것을 갖고 있다

작은 상자는 계속 자란다
한때 상자가 들어 있던 벽장이
이제 상자 안에 들어와 있다

작은 상자는 커지고 커지고 더 커진다
이제 방이 상자 안에 들어와 있다
그리고 집과 도시와 대지도
그리고 이전에 상자가 들어가 있던 세계도

작은 상자는 어린 시절을 기억하고는
애타게 고대한 끝에

다시 작은 상자가 된다

이제 그 작은 상자 안에
축소된 전 세계가 있다
당신은 그것을 쉽게 주머니 안에 넣을 수 있고
쉽게 훔칠 수도 쉽게 잃어버릴 수도 있다

작은 상자를 조심하라

-바스코포파 「작은상자」 전문

'작은 상자'는 '짧은 길이'와 '좁은 넓이'에도 불구하고 '그 밖에 모든 것'을 가지고 있다. '작은 상자'는 무슨 일로 계속 성장해 '세계'까지도 기거할 수 있는 방대한 공간성이자 '모든 것' 자체가 되어버린다. 물론, '다시 작은 상자'가 되어버리지만, 제 의미와 의지를 벗어나면 무궁무진하게 펼쳐질 자신의 신체를 감각해보았던 거다. 마치, 박민규의 『카스테라』 속 냉장고처럼 말이다. 자신이 '작은' 상자가 아닌 이체가 되어 작동해볼 수 있었던 건, '작은 상자'를 '작은 상자'로부터 탈주시킨 인식의 전환에서부터 분명처럼 시작했을 거다. 지짐이 뒤집듯, '작은 상자'를 '작은 상자' 아니도록 노력한 결과일 수 있겠다. 그러니까, 생각과 관념을 넘어뜨려 변주토록 심폐 소생했던 지고지순한 전환의 결과가 아닐 수 없다.

김완하 시인은 독자들을 '놀라움과 재미 그리고 다소의 불편함으로' 인도한다는 이 시가 결국, '거북함'을 동반한 '낯설음'의 영역으로도 가닿을 수 있다고 말한다. 그것은 새로운 국면으로의 전진일 수밖에 없지 않을까. 김완하 시인의 이야기처럼, 이 시는 무의식에 기초를 두어 우리를 낯설도록 하는 데에 중점이 있음을 부정할 수 없다. 그렇기에 두 눈으로 읽고, 두 눈으로 파헤치는 재미를 부여한다. 우리의 두 눈조차도 낯설어지도록 한다. 낯선 시각과 새로운 오해는 시를 더 한 깊이로 인도하며 우리의 이해를 그리로 배송한다. 나쁘지 않은 침투, 나쁘지 않은 여정의 경로 아닐까.

개를 만나면 개에게 지고
돼지를 만나면 돼지에게 진다
똥을 만나면 똥에게 지고
소금을 만나면 소금에게 진다
낮고 낮아서 더 밟을 데 없을 때까지
새우젓처럼 녹아서 더 녹을 일 없을 때까지
신을 만나면 신에게 지고
강물을 만나면 강물에게 진다
꽃을 만나면 꽃에게 지고
나비를 만나면 나비에게 진다
닳고 닳아서 무릎뼈 안보일 때까지
먼지처럼 가벼워서 콧바람에 날아갈 때까지
꽃잎 떨어져야 열매 맺듯
이기면 지고 지면 이기는 것
썩은 흙이라야 거름되듯
무조건 진다 지고 또 지고 또 진다

썩고 문드러져서 잘난 척할 일 없을 때까지
끝까지 져서 아무도 못이길 때까지

-홍사성, 「승부」 전문

자꾸만 패배하고 자꾸만 낮아지고 자꾸만 가벼워지는 화자가 있다. 무슨 일로, 승부의 결과가 승리로 점철되는 것이 아니라, 패배하고, '지면 이기는 것'이라는 각오로 귀결된다. 우리가 살며 배운 바와 사뭇 달라 보인다. 그러니까 패배가 자신을 이끄는 게 아니라, 자신의 다짐이 패배로 이끌며 자꾸만 간다. 화자는 결국 '끝까지 져서 아무도 못이길 때까지' 패배하기를 다짐한다. 자신이 패배와 실패의 담당자라도 되려는 듯, 그것이 우리가 추구해야할 '결국'인 것처럼 생각한다. 우리의 타고난, 학습한 인지의 그릇을 뒤집어엎어 패배의 말로, 실천의 말로로 담담히 나아가 스스로 깨우치며 살아가고 있다.

김완하 시인은 '좋은 시'에는 '인지적 충격'이 존재한다며, 이 시 역시 '좋은 시'의 영역에 닿아있음을 짚고 있다. 우리는 결국, '불교의 깨달음과 진리를 표출한 것'과 더불어, '표현 이상의 깊은 의미가 내포되어' 있음을 선연히 인식할 수 있게 된다. 이는 익히 느끼거나 알고 있는 인식을 허무는 지점에서 도리어, 우리에게 감각유도제를 투약해주는 것처럼 명징한 이해로 유인하는 것일 테다. 더한 깊이가 우리 앞에 놓이는 거다. 패배가 승리로 다짐되듯이, 우리의 지지부진했던 시도

들에 관하여도 어딘가 위로를 얻어오는 수 있는 거다. 결국, 비틀어 파고드는 셈 아닐까. 나사로 조여 들어가듯, 딱따구리의 부리로써 검정을 탐구하려는 듯 말이다.

사물의 궤적에서 채취한 인물의 궤적

무엇이든 주시할수록, 그것의 본질이 탄로 나거나 어딘가로 흘러가려 움직거린다. 그래서 우리는 응시의 힘을 믿어, 사물을 우리 가까이로 끌어당겨 놓기도 하는 거다. 도란도란 걸으며, 혓바닥 위에도 올려두어 보는 거다. 아니면, 그대로 제 자리를 지키는 그것을 유심히 목격해보는 거다. 예컨대, 주위에서 자주 발견되는 사물들은 우리의 몸짓이나 인상과 사뭇 닮아있다. 닮아, 어딘가 찡하고 아릿하게 만든다. 우리의 인상 혹은, 인생과 견주고만 싶어지는 기분도 온다.

어디서 명퇴한 중년일까
아파트단지 어린이 놀이터에서
반백의 사내가 아침을 민다
서너 살 손주 놈을 그네 위에 앉히고

줄을 꼭 잡아라! 놓치지 마라!
거듭 당부하면서 힘껏 밀어올린다
와와, 둥근 해가 솟는다 아이가 뜬다
허공 가득 퍼지는 해맑은 웃음소리

나뭇잎들 팔랑팔랑 손뼉을 친다

땅을 박차고 하늘 높이 올라라
올라가서 세상을 내려다보라
검버섯 핀 손등으로 그네를 미는
저 반백의 사내는 지금, 놓쳐버린 꿈
흘리고 온 세월을 미는 것일까
남은 생을 밀어내는 것일까

생이란 무릇 그네 타기 같은 것
아무리 밀어도 밀어 올려도 그네는
다시 제자리로 내려올 것이다
정상으로 밀어올린 욕망은 곧
땅으로 굴러 내릴 바윗돌인데
계속 잔머리를 굴리는 시쉬포스들

날마다 제 한 몸 밀어 올리려
아찔한 그넷줄 잡고 용쓰던 퇴역
오늘은 등뼈가 휜 반백으로 돌아와
어린이 놀이터 그네를 민다
밀 때마다 손주는 멀리 떠나고
허허로운 배경으로 홀로 남는다

-임영조 「그네」 전문

위의 시에는 '손주'가 탄 '그네'를 밀어주는 반백의 은퇴한 사내가 등장한다. '손주'는 '그네'를 타고 대지와 하늘 사이를 반복적으로 가로지른다. 아무래도 그네는 온 시를 아우르는 원자재요, 공산품이다. 그런 의미에서 '그네'는 놀잇감일 뿐 아니라, 지난날과 일생을 반추해보도록 하는 긴요한 요소이다. 더불어, '줄을 꼭 잡아라!', '놓치지 마라!' 당부하는 퇴역의 주문은 어딘가 서늘하다. 그 역시 그네에 올랐던 시간이 있었을 거고, 끝없이 오르려 발을 굴렀거나, 누군가의 '밀어줌'을 통해 세계를 내려다보았던 시간이 있었을 거다. '손주'도 나중이 오면, 그 역시 누군가의 '그네'를 밀어주거나 누군가 '그네' 타며 노는 모습을 지켜볼 뿐일 시간이 오지 않을까. 어딘가 우리 인생의 흥망이거나 성쇠를 들여다 보여주는 듯도 하다.

김완하 시인은 '그네는 인생의 함축'임과 동시에 '근본적으로 갈등구조를 내재하'고 있음에 집중하며, '그넷줄 타고 가는 숙명'인 우리의 모습을 떠올리도록 한다. 이는 약속인 것처럼, 빠지는 사람 없이 모두, 자신들이 간직한 저마다의 그네를 떠올리도록 만들어 슬프거나 기쁘게, 따갑거나 환하도록 만든다. 저마다의 발구름과 누군가의 밀어줌이 일종의 연대감을 만들어 우리에게 세상살이의 귀퉁이를 헤아려도 보게 만든다. 이따금 그네의 속내와 그네의 너머를 헤아려 보도록도 만든다. 김완하 시인의 해설과 말맛이 우리의 덜 깨진 껍질을 건드는 것처럼 느끼는 이유, 이 때문 아닐까. 각질, 더께처럼 괜스레 생의 방향 향해 둘레를 형성하게 도와준다.

불구의 몸으로 혼자 되돌아오기란
그리 쉽지 않다는 것을 잘 알면서
사람들은 너를 세상 밖으로 내던지고 있다
그래도 돌아올 길만은 찾을 것이라
믿고 던질 것이다
그때마다 뒤틀린 두 팔로 허공의 경계선을 붙잡고
너는 겁에 질려 울음을 터뜨리지만
사람들은 그 소리를 모두 잊고 산다
온전하지 못한 몸으로 태어난 스스로의 서러움보다
더 뒤틀린 세상의 눈에
울부짖는 소리
멀리 던질수록 더욱더
들먹이는 소리도 들렸을 것이다
수많은 네가 세상 밖으로
오늘도 저렇게 내던져지고 있다
누구나 운다는 것은
끝내 온몸으로 말하는 것이라는 걸 알면서

-박태현, 「부메랑」 전문

'부메랑'은 '불구의 몸'임에도 '허공'으로 나아갔다 돌아온다. 사람들은 '부메랑'의 '울음'을 잊으며 산다. 오히려, '던질수록 멀어져' 현실로부터 동떨어져 사람들의 인식에 굳은살처럼 미안을 상실한 채로 자리 잡게도 된다. 알면서 하는 게 못난 줄 알면서도, 관성처럼 작동하는 거다. 화자는 어딘가 형용되기는 어렵지만, 사람들의 잔인함과 어쩔 수 없음의 경계에서 '부메랑'에 대한 연민으로 '울음'을 감각할 뿐이다. '부메랑'을 보며 인생의 쌉싸래한 맛을 호올로 삼켜보는 기분이 든다.

김완하 시인은 '부메랑'을 '업보'로 보았다. 던져버리더라도 돌아오는 업보. 하지만 결국, '우리는 매일 하나의 부메랑이 되어' 산다고 보며, '부메랑'을 공감의 대상으로 보고 있다. 떠났다가 기필코 돌아오는 우리로도 보고 있다. 결국에는 던지는 것도 던져지는 것도 우리일 수 있는 거 아닐까. 이는 순환이자, 반복하여 교차되는 역할 분담이어서, 우리네의 인생을 닮았다고도 볼 수 있을 거다. 그렇기에, 나아가는 각도를 그 누구도 몰래 가늠하며 사는 꼴일 수 있을 거다. 그럼에도, 세계는 고통과 그것에 대한 감내로만 장식되어 있진 않다. 어딘가 뜨끈하고 포근한 구석이 있으므로 살아진다.

케토톱처럼, 순수를 캐내는 마음들.

우리는 서러울수록 온기를 찾아 헤맨다. 움직거리며 그나마 온기를 느끼기도 한다. 온기에서 온기를 빌려다 우리는 또 세상을 살아 온기로써 젖어 나아가는 거다. 단비처럼, 우리의 양말까지도 은밀히 젖어볼 수 있는 노릇이다. 결국, 손발의 주름마저도 젖어볼 수 있다. 그러다, 온기가 깃든 사람들과 끌려 만나, 서로의 선함들을 독해하거나 학습해보기도 하는 거다. 어두울수록 빛이 귀해지듯 순수를 말하는 사람들은 여전히 세계 여기저기 존재하며, 서로 밀고 당기는 중이다.

올해 농사는 다 망쳤다.
집 옆 텃밭에 고라니라는 놈이 나타나
고춧잎이며 오이순이며 호박순까지
모두 먹어치우는 바람에
오리, 호박은커녕, 고추 맛도
제대로 보질 못하게 되었다.

우리들이 잠든 밤이면
몰래 내려와 풀섶을 헤치며, 어둠 속
겁먹은 눈을 이리저리 굴리며 고춧잎이며 오이순을
따 먹었을 그 녀석, 생각을 하니
어쩐지 망가진 밭이 그렇게 아깝지만은 않았다.

그렇지.
그러니 내가 얼치기 농사꾼이지
밭이 망가져도, 그래서 고추가, 오이가, 호박을
하나도 수확을 할 수 없게 되어도
그리 마음이 아프지 않으니
얼치기, 그중에서도 상얼치기

캄캄한 밤하늘 한구석
작은 별 하나 맑은 눈 뙤록이며
우리들
얼치기 설치기, 그렇게 내려다보고 있구나.

-윤석산, 「얼치기 농사꾼」 전문

분명, '올해 농사'를 '고라니' 덕에 죄다 망쳤음에도 불구하고, 화자는 모질지를 못하다. '잠든 밤' '고춧잎', '오이순을 따 먹었을' 고라니 생각에 아깝지가 않은 거다. 이상하지 않나. 계획했던 바가 허물어지고, 자신이 '얼치기'가 되어 가령, 프로 농사꾼이 아니게 되었음에도, '마음이 아프지 않'은 화자의 처지는 납득이 어렵다. 그러나 우리에게 북의 울림처럼 공명을 유도한다. 분명, 화자는 자신이 안타까운 처지임에도, '고라니'를 어딘가 가엽게 여기고 있으니 말이다. 오히려, 배불러 보이고, 무언가 깨달은 듯 보인다.

김완하 시인 역시, '진정한 농사'란 이기적이지 않은 것이라 말하고 있다. 내가 지어 내가 벌어먹는 '농사'가 아니라, 결국, '고라니'와 더부살 수 있는 '농사'의 현장을 언급해, 선한 영향을 헤아려본 일일 거라 짐작해보는 거다. 실패했고, 어눌했고, 내가 거둬들일 게 별 없음에도, '진정한 농부'는 '고라니'를 생각하고, 밤하늘의 별을 올려다보며 어딘가 든든해하는 게 아닐까. 그게 우리 속내를 데워, 어딘가 사람냄새 나도록 하는 거 아닐까. 이 시를 우리 앞에 펼쳐 보여주는 이유, 그 때문 아닐까.

봄이 오자 나비가 문을 열고
밖으로 나갔다

한참 놀다
해가 져서 꽃밭인 줄 알고 차를 탔다

산이나 들
나무만 꽃이 피는 줄 알았는데
밤거리가 차들로
꽃피고 있다는 것을 처음 알았다

나비는 남산에 올랐다
남산에서 내려다보는 서울의 야경은
천 개를 천만 번 더하는
꽃잎으로 포개진 한 송이
꽃봉오리 같았다

나비는 깨달았다
자동차와 건물에도 꽃피워
아름다운 도시를 만들어간다는 것을
외출에서 돌아온 나비들은 꽃만 쫓아다니지 않았다

나래를 떼어
하얀 꽃잎
노란 꽃잎
파란 꽃잎
울긋불긋 도시라는 꽃밭을 만들었다
외출에서 돌아온 나비

-김종관, 「외출에서 돌아온 나비」 전문

'나비'는 유랑한다. '밤거리'도 다니고 '남산'에도 올라 도시의 야경을 내려다본다. 결국 '도시' 하나가 꽃일 수 있다는 데에 생각이 이른다. 거기서 무언가 한아름 얻어오는 거다. 결국, '외출에서 돌아온 나비'는 제 '나래'를 떼어 '꽃잎'으로 '도시라는 꽃밭'을 만든다. '나비'는 제 몸을 수고처럼 벗고 떼어, '꽃밭'의 일부가 되어보는 거다. 그러니까, '회색의 점철'이라거나 '시멘트 범벅'이라는 도시에 관한 인식과는 다소 달라 보인다. '나비'들의 부위가 '꽃'을 이루고 '도시'를 이루는, 결국, 꿀과 향기를 뿜어 기꺼이 우리를 투신하게 하는 기재가 되므로 그렇다. 이윽고, '도시'는 어느 목숨의 현장이 되는 수 있는 거다. '나비'며 생명의 연대가 도시를 형형색색하게, 향취 나게 만든다. 스팀 냄새나게 만든다.

김완하 시인은 한발 더 나아가 이 시를 '현대인들의 내면에 잠재하는 자연에 대한 동경과 그리움'으로 인식했다. 더불어, 그를 '문명의 반짝임으로 대체하려는 것'으로 인식하기도 했다. 나비, 내지는 인간에 내재화된 생명, 순수에 대한 열망의 생동을 엿볼 수 있는 여지가 있는 거다. 정말, 그러고들 살 수 있는 거라며 고개 끄떡인다. 시가 공감과 나아감이라면, 김완하 시인의 이해들은 우리에게 너른 창문처럼 개방감을 선사해준다. 자연과 그렇고 그런 것들. 품고 살며 고대하고 있는 것들. 우리는 그것들을 들여다보며, 언젠가 그것들에 가닿을 수 있다며 그려보고 있다.

도란도란 말로 빚은 산책 속, 이 말 저 말 들여다보며 세계를 상상해본다. 나를 이끄는 대로, 내가 이끌리는 대로 제 속을 드러내는 세계로 성큼성큼 나아간다. 손아귀는 왜 둥글까. 입은 왜, 바퀴는 왜 둥글까. 우리는 결국, 둥그런 손아귀와 바퀴와 잘 포장된 바닥 간의 마찰을 통해 세계의 노면을 적극 느낀다. 김완하 시인은 시와 시정신의 핵심은 '곧 보이지 않는 것을 보는 것. 들리지 않는 것을 듣고 또 남들이 느낄 수 없는 것을 느끼는 일이'라 말했다. 결국, 우리에게 발견의 묘미를 알려주는 그의 손짓과 인상을 따라 나아가며 보고 들은 바가, 우리의 뼈와 살이 되어준다. 김완하 시인이 인도하며 함께한 길이, 우리의 입맛에 맞아떨어져 포만감에도 빠져보는 거다. 무릎에 힘이 들어가고, 광합성 한 기분에 든다. 연한 근육들에까지 영양이 간다. 우리는 김완하 시인이 예감했을 반경보다 더, 자라난다. 그 인도가 우리의 종착지를 점지해주지는 못할지라도, 우리의 성장 내내 안락을 선사할 거다. 이게 산책의 묘미일 거다. 나만 멈춰진 것 같던 세계에서 외롭지 않도록, 자꾸만 속삭여준다. 문장 하나 꺾어다 곁에 두도록 한다. 문장 여럿 꺾어다 다발로 엮어 들여다보도록 한다. 이게 시라면, 이게 시인의 몫이라면 우리는 활자의 얼개 속을 활보하는 삶으로 작동하기를 작심할 수 있을 거다.